센 세대,
낀 세대,
신세대

3세대
전쟁과
평화

김성회 지음

쌤앤파커스

3세대의 전쟁과 평화, 기회인가? 위기인가?

A: 담배 피우는 동안 기도해도 될까요?

B: 기도하는 동안 담배 피워도 될까요?

당신이 성직자라면 A와 B, 둘 중 누구를 더 신앙심이 깊다고 평가하겠는가? 아마도 대부분이 A를 꼽을 것이다. 기도하는 잠깐의 시간, 그새를 못 참고 담배를 피우겠다고 하는 B는 괘씸하기까지 하지만 담배를 피우는 동안에도 기도하겠다는 A에겐 뭔가 기특함이 느껴진다. 그런데 좀 더 자세히 살펴보자.

기도와 흡연을 동시에 한다는 점은 둘 다 똑같다. 나름의 프레임에 의해 괘씸과 기특으로 나눠졌을 뿐이다. 결국 해석은 보이는 대상보다 보는 사람의 시각과 기대치에 좌우된다.

기성세대는 "요즘 것들은 그까짓 컴퓨터랑 외국어 좀 잘하는 것 가지고 유세 부려." 하며 혀부터 차고, 반대로 젊은 세대는 "꼰대들은 요즘 세상에 맞지도 않는 옛날 옛적 경험 가지고 잘난 척해." 하며 불평한다. 이것을 뒤집어보면 어떨까?

선배는 후배에게 "아니, 자네 어떻게 그렇게 일을 빨리 처리했나. 컴퓨터로 뚝딱 대단한데! 다음에 자네 시간될 때 나에게도 그 기술 좀 가르쳐주지 않겠나. 정말 잘했네." 하고, 후배는 선배에게 "지난번 해주신 지적, 제가 이번 프로젝트를 하는 데 크게 도움이 됐습니다. 인터넷을 찾아봐서는 알 수 없는 것들이던데요. 덕분에 많이 배웠습니다." 한다면? 중요한 것은 서로에 대한 존중과 호기심이다. 다르게 말하면 상대방의 강점을 인정하고 시작해야 한다.

세대불통이 화통話通이 되려면 '일방동조'가 아닌 '쌍방공조'가 필요하다. 어미닭과 병아리가 함께 쪼아 알을 깨는 줄탁동기啐啄同機 소통이다. 어른 닭이 쪼기만 하고 품지 않으면 꼰대고, 품기만 하면서 쪼지 않으면 광대. 진짜 어른은 꼰대와 광대의 균형을 맞출 줄 안다.

후배세대에게 필요한 것은 고수의 일침이다. 기분만 맞추느라 기준을 가르쳐주지 않거나, 비위 맞추느라 호흡 맞추는 방법을 가르쳐주지 않으면 어른이 아니라 광대다. 걸핏하면 핏대 세우고 역정 내는 꼰대 못지않게 광대 역시 큰 해악을 끼친다. 그런 선배가 후배들의 사회생활에 도움이 되겠는가? 그들의 조직생활이 행복해지겠는가?

적대시하는 것과 비판하는 것은 다르다. 선배세대를 딛기 위해서 비판하는 것은 필요하다. 대안 없는 적대시, 모든 조언을 잡소리, 잔소리로 공격하거나 무시하는 역逆꼰대 현상은 안티 꼰대만큼이나 위험하다. "누군가에게 침을 뱉는 것으로는 세상을 바꿀 수 없다."는 것은 어느 시대고 적용되는 말이다. 밀레니얼 세대의 창의성은 존중해야 하지만, 소비자로서의 밀레니얼과 조직 일원으로 일하는 생산자로서의 밀레니얼을 혼동해서는 안 된다. 마케팅과 트렌드 분석의 대상으로 연구하는 것과 조직에서 일하는 구성원으로서 함께 조화를 이루는 것은 다른 접근이 필요하다.

후배세대는 미래가 불안하니 보듬어주어야 한다고? 맞는 말이다. 하지만 미래가 불안할수록 단단하게 대비시켜야 하는 것도 선배와 어른의 역할이다. 사회 변동성이 클수록 차이를 배격하기보다 다름을 끌어안고 기대치와 눈높이를 서로 맞추어야 한다. 기성세대가 '나일리지(나이+마일리지, 나이가 많다고 무조건 대우해주기 바라는 행동)'로 밀어붙여서는 안 되는 것처럼, 후배세대 역시 '밀레유세(밀레니얼 세대라고 유세 부림)'로 몰아붙여서는 벽만 점점 높아질 것이다.

깨지지 않게 하려면 깨우쳐주어야 한다. 잘 대해주기보다 잘 되게 해주어야 한다. 그것을 가르쳐주는 것이야말로 선배세대의 변치 않는 의무이자 역할이다. 놀이터 같은 환경을 만들어놓고 계속 어린이로 놔두는 게 좋은 직장인가? 이래도 흥, 저래도 흥 듣기 좋은 말만 해주는 상사가 좋은 상사인가? 실패는 포용해줘야 하지만, 정신줄 놓은 실수는 엄정하게 대처해 큰 실패를 예방하도록 해야 한다.

이질성과 갈등에만 초점을 맞추면 '세대전쟁론'이 나올 수밖에 없다. 뒤집어서 다양성의 조화로 생각하면 전쟁, 위기가 아닌 '세대기회론'으로 발전시킬 수 있다. 다름을 억지로 외면하는 것도, 같음을 억지로 강요하는 것도 좋은 답은 아니다. 세대불통은 어느 한쪽의 잘

못이 아니기 때문이다.

　세대 간 이질성은 양손 들고 환영해야 할 큰 기회다. 베이비부머 세대의 조직 충성심, X세대의 합리적 개인주의, 밀레니얼 세대의 디지털 능력과 글로벌 마인드는 그 어느 시대에도 한 지붕 아래 공존한 적 없었던 강점들이다.

　난생 처음 가본 외국에서 살게 됐다고 치자. 당신은 그곳 사람들과 어떻게 교류하겠는가? 그들이 손으로 음식을 먹고 낯선 재료로 요리할 때, 당신은 수저를 사용하라고, 김치는 왜 안 담그느냐며 따질 것인가? 한국 음식이 세상에서 제일 맛있고 건강에 좋다고 한바탕 장광설을 늘어놓을 것인가?

　먼저 그들 문화를 관찰해야 한다. 존중을 보여야 한다. 가령 식사 초대를 받았다면 비록 입맛에 맞지 않더라도 맛있게 먹으며 성의와 관심을 표해야 한다. 완급을 조절하며 접근하고, 어느 정도 친숙해지면 비로소 서로 마음의 문도 열리고 교류가 시작된다. "한국 문화가 최고다. 한국인 입맛으로 개조하라."고 엄포를 놓는다거나 "우리 식대로 할 때까지 너희 방식은 절대 받아들이지 않겠다."는 곤란하다. 반대로 외국의 문화를 일방수용하면서 우리 문화를 소개하지 않는 것도 무시당할 수 있다. 모든 건 균형이다. 차별은 하지 말되 차이는 인정하고 존중할 필요가 있다.

　세대 간 '다름'은 뛰어넘을 수 없는 간극이 아니라 다양성 조화를 위한 천혜의 기회다. 필터와 프레임을 달리 하면 '이상하다'가 '신기하다'로 뒤집힌다. 이 책은 센 세대, 낀 세대, 신세대 각자의 서사를 360도 다면경으로 풀어 이해를 꾀하고자 한다. 강요도 읍소도 아닌 각자의 이야기를 함께 나누며 이질성이 다양성으로 바뀌는 기회가 되었으면 한다. 나태주 시인의 '풀꽃'이란 시에도 있지 않은가. 자세히 보아야 예쁘고, 오래 보아야 사랑스러운 법이다.

3장 "회사가 인생의 전부는 아니지만!"
– 의자혁명을 통한 미래 직장 인간관계 리포트

센 세대,
낀 세대,
신세대
직장인 세대 전쟁

이만하면 vs. 바보처럼 vs. 하마터면

#에피소드_3세대 전쟁의 서막

선배세대 "내가 무엇을 위해 이렇게 뼈 빠지게 고생했나?"

MZ세대 "누가 그렇게 살라고 했나요? 휴, 하마터면 열심히 살 뻔했네."

이른바 '꼰대'로 지칭되는 40, 50대는 요즘 어딜 가나 지적 대상이다. 혁신에 저항하고 변화에 뒤처졌다며 각성과 계몽, 타파의 대상으로 비판받는다. 위아래를 연결하는 튼튼한 미드필더로 인정받기보다 조직 순환을 방해해 동맥경화를 일으키는 적폐로 비하된다.

일선 직원들이 조직에서 떨어져나가면 안 되는 '살점'이라면, 꼰대로 대변되는 중간관리자 층은 떨어져나가도 하등 표가 나지 않는 '각질'로 인식되는 경우마저 있다. 이들이 늘 옳은 것은 아니지만 살아온 방식이 전부 틀린 것만도 아니다. 또한 모든 조언이 '꼰대의 지적질'도 아니다.

착각하지 말자. MZ세대가 선배세대를 꼰대라고 공격하거나 무시하는 역꼰대의 근본 원인은, '선명한 인생관' 때문이 아니라 '불분명한 가치관' 때문이다. 영화 '국제시장'에서 격동의 시대를 살아온 덕수는 산업화 세대의 전형적 인물이다. 그는 선친의 초상화 앞에서 말한다. "아버지, 저 약속 잘 지켰지예, 이만하면 내 잘 살았지예, 근데 내 진짜 힘들었거든예." 아버지에게 하는 이야기지만 일종의 셀프 인생평가다. 자기 삶에 대한 자부심이 느껴진다. 이들은 스스로 "힘들긴 했지만 이만하면 잘 살았쥬." 하고 말할 자신이 있다.

지금은 어떤가? MZ세대는 '하마터면 열심히 살 뻔했다'며 브레이크를 건다. 선배세대는 교정하려 하지도 않고 침묵한다. 그 말에 동의해서라기보다 자신들이 나름 열심히 산 삶에 대해 '이만하면 잘 살았다'고 평가할 자신이 없어서다. 오히려 '나는 참 바보처럼 살았다'고 후회하기 때문이다. 후배세대의 '하마터면' 달관과 선배세대의 '바보의 탄식'이 맞물리면서 사회는 가라앉고 있다.

선배세대는 내심 억울하다. '열심히 일한 죄'밖에 없지만 인정은 커녕 '당신처럼 살고 싶지 않다', '누가 그렇게 살라고 했느냐?'라는 핀잔을 가정과 직장에서 동시에 듣는다. 그럴 때마다 이들은 '내가 무엇을 위해 이렇게 뼈 빠지게 고생했나?', '이 자리까지 고스톱 쳐서 올라온 게 아니건만' 하는 자조와 회의, 서러움이 사무친다. 경험에서 우러나온, 뼈를 고아내서 만든 진국 조언인데도 무조건 꼰대의 잡뼈 소리로 몰아붙일 때도 많다. 바른 소리 하려는 어른들이 점차 사라지고 있다.

무엇이든 '하면 된다'며 밀어붙인 엄혹한 상사 치하를 겪어온 게 지금의 리더 세대다. 그런데 막상 본인이 그 자리에 올라보니 '되면 한다'는 구성원(수평적 조직문화에서 '부하'라고 이야기했다간 개념 없는 상사로 당장 찍힌다)들을 '모시고' 일해야 한다. '상사놀이' 하는 상사 모시며 압박과 설움의 세월을 보냈는데, 어느덧 팀원들의 '상사 노릇' 기준은 하늘같이 높아져 한시도 허리 펼 겨를이 없다. 이들은 위태로운 금융위기와 구조조정의 칼날 위에서 늘 가슴 졸이고 고개 숙이며 살아왔다. 그런데도 '고성장'의 경제적 파도를 타고 쉽게 살아온 프리라이더 세대로 치부할 땐 목울대가 얼얼하다.

나일리지 vs. 밀레유세

인류를 호모 사피엔스, '지혜가 있는 사람'으로 부르는 이유는 지혜가 전대로부터 후대로 계승해온 게 인간만의 차별성이기 때문이다. 지혜의 전수는 인류의 미덕이다. 때로 그것이 부담스럽고 극복의 대상일망정 대놓고 꼰대로 몰아붙이는 경우는 드물었다.

기성세대는 꼰대 포비아, 꼰대 피해의식에 갇혀 자신의 경륜에 대해 입도 뻥긋하기 힘들다. 꼭 해야 하는 이야기조차 "내가 구닥다리일지 모르지만…." 하며 어렵게 말문을 연다. 조언과 간섭의 경계가 모호해진 데다 '어른'의 모습을 제대로 보여주지 못한 것도 이유다. 사회가 세분화되고 다양화되어 어른의 경험이 반드시 현명하지 않게 된 것도 이유 중 하나다.

취업포털 잡코리아가 직장인 252명을 대상으로 한 설문조사를 보면 약 79%가 조직에서 세대 차이를 체감하고, 62%는 그로 인해 스트레스를 받는다고 응답했다. 이것은 비단 우리나라만의 문제는 아니다. 미국에서도 400개 회사를 대상으로 조사한 바에 따르면 72%의 기업이 세대갈등으로 고민한다는 조사결과가 나왔다.

흔히들 세대갈등을 해결하는 일이 남북통일보다 시급하다고 걱정한다. 달라도 너무 다르다고. 하지만 그것 역시 보기 나름이다. 세대 간 다양성은 보는 시각에 따라 긍정적으로도, 부정적으로도 해석된다. 1960년대 생 베이비부머 세대부터 1970년대 생 X세대, 1980년대 생 밀레니얼 세대, 1990년대 생 Z세대까지, 각자 살아온 시대적 배경과 문화, 사고방식이 다르다. 다를 수밖에 없고, 다른 것이 당연한데도 왜 다르다는 것에 거부감을 느낄까? 근원적으로 거부감은 '왜 내 생각과 신념을 따르지 않지?' 하는 불만에서 나온다.

최근 '세대불통론'의 가장 큰 문제는 비대칭성에 있다. 기성세대에겐 촉구 일색이고, 신세대에겐 포용 일색이다. 기성세대의 경험은 축적의 롤모델이 아니라 퇴적의 청산 대상이다. 구글에 '꼰대'를 쳐보면 검색 결과가 903만 개(2020년 기준)나 나온다. 그렇다면 꼰대의 반대말, '개념 없는 젊은이'를 뜻하는 용어는 뭘까?

존재하지도 않는다. 굳이 찾자면 '철부지' 정도다. 반면 꼰대의 동의어로 '오지라퍼', '오피스 빌런(회사에서 피해를 주는 사람)', '고나리자(관리자의 오타를 따서 만든 용어로 사사건건 간섭하는 상사)', '개저씨(개+아저씨)' 등 끝이 없다. 꼰대가 되지 않기 위한 충고는 넘치지만, 엉덩이에 뿔난

송아지가 되지 않기 위한 일침은 드물다. 이는 조직 내에서도 마찬가지다. 리더가 어떻게 변해야 하고, 구성원을 위해 무엇을 해야 하는지를 가르치는 '리더십' 교육은 많지만, 리더를 어떻게 대해야 하는가를 배우는 '팔로워십' 교육은 거의 없다. 꼰대란 말을 무분별하게 남발하며 무조건 반발하고 귀부터 막고 보는 역꼰대 현상은 꼰대 못지않게 문제다.

더 높이 vs. 더 오래 vs. 더 빨리

#에피소드_후배가 퇴사를 말한다!

선배세대 "다른 회사에 가봐야 다 거기서 거기야. 네 경력에도 마이너스고. 어렵게 취업해서 그렇게 쉽게 그만두니…, 도대체 진득함이 없어. 정말 이해가 안 돼."

MZ세대 "인내심이요? 억지로 버티며 다니는 것보다 하루라도 젊을 때 제가 잘하고 좋아하는 일을 찾아야죠. 진지해서 그만두는 건데요. 포기도 용기고 선택이에요."

밀레니얼 직장인의 퇴사 이야기를 그린 일본 영화 '잠깐만 회사 좀 관두고 올게'가 국내에서 제목만으로도 화제를 모았다. 야근과 상사의 갑질로 매일매일 힘겹게 살아가던 새내기 회사원 다카시가 회사를 관두고 자아를 찾는다는 내용이다. 이 영화에서 관람객들은 주인공이 부장에게 사표를 내고서 당당하게 대꾸하는 멘트를 치는 장면에서 일제 박수를 보냈다.

"내 인생을 댁이 이러쿵저러쿵 하지 마!"

예전에 후배가 사표를 쓰면 관리자들의 반응은 도긴개긴이었다. "어차피 너 같은 놈은 평생 패배자야.", "네가 다른 데 가선 잘될 줄 알아?", "나가는 건 마음대로지만 들어오는 건 마음대로 안 돼. 3년도 안 돼 그만둔 것은 직장인 경력에서 빨간 줄이야. 왜 그만뒀는지 물어보지 않을 것 같아? 잘 생각해봐." 요즘은 반대다. 퇴사하겠다는 직원은 관심직원으로 집중 마크하고, 밥도 사 먹이면서 내가 잘못한 게 대체 뭐냐고 통사정하다시피 한다. '잠깐만 집 좀 다녀올게' 하는 마음가짐으로 조직생활을 한 선배들은 '잠깐만 회사 좀 관두고 올게'라고 너무나 쉽게 말하는 MZ세대를 도무지 이해하기 힘들다.

"퇴사하는 직원들을 막으려면 어떻게 해야 합니까?"

중소기업에 다니는 K부장은 요즘 젊은이들에게 인기라는 퇴사 강의 프로그램을 일부러 신청해 간절하게 물었다. 회사와 상사에 대한 불만사항, 더 좋은 대우를 위한 이직은 그렇다 치더라도 이유 없는(없어 보이는) 퇴사는 어떻게 막아야 할지 막막해서였다. 좀 더 넓게는 밀레니얼 직원들이 신바람 나게 일하는 방법, 일하는 재미를 일깨우기 위한 묘수를 알고 싶어 던지는 질문이었다.

K부장 세대는 '나를 버리며 일하는 것'이 진리라고 생각했는데 이들은 '나를 지키며 일해야죠' 하고 당당히 주장한다. 나를 버리고 일해도 될까 말까 한 것 아닌가? 직장인 대상의 '퇴사학교', '인생학교'의 주 타깃은 인생 2막을 준비하는 중년이 아니다. 20, 30대 젊은 직

장인들이다. 이들은 주중 저녁이나 주말에 고액의 수강료를 내며 퇴사와 인생에 대해 수업을 듣는다. 치열한 경쟁을 뚫고 입사했으면 일 배우기에 정신없을 때인데, 왜 이들은 입사하자마자 퇴사를 고민하는 걸까? 조직에 마음 붙이지 못하고, 방황하는 밀레니얼의 퇴사 준비, 인생 방황을 어떻게 보아야 할까?

때론 후배들이 적응하기도 전에 탈출을 위한 비상구, 출구부터 찾는 것이 얍삽해 보여 얄밉기도 하다. '직장생활이 다 그렇고, 일이란 게 다 힘든 것 아닌가?' 모든 회사가 구글 같을 수도 없고, 늘 콧노래가 나올 만큼 일이 즐거울 수도 없다. 연애도 권태기가 있는데 하물며 일이라고 다를 리 없다. 누군들 사표 내고 싶은 순간이 없겠는가. 선배세대에게 사표는 늘 마음속 폭풍으로, 미완의 혁명으로 끝나는 경우가 대부분이었다. 상사가 괴롭혀도, 업무가 버거워도 '고작 그런 이유로' 그만두는 쪽이 못났다고 생각했다. 그 정도 근성으로는 어디서도 살아남기 힘들 것이라고 자책했다.

밀레니얼 직원의 퇴사는 모든 리더가 당면한 뜨거운 감자다. 사회 초년생의 근속 기간은 점점 짧아지고 있다. 통계청에 따르면(2018년) 청년들이 졸업 이후 첫 취업까지 걸리는 기간은 평균 10.7개월이고, 첫 직장 평균 근속 기간은 1년 5.9개월로 나타났다. 한국경영자총협회에 따르면 전국 306개 기업을 대상으로 진행한 '2016년 신입사원 채용실태 조사'에서 대졸 신입사원의 입사 1년 이내 퇴사율이 2014년 25.2%에서 2016년 27.7%로 증가했다. 특히 300인 미만 기업에서 퇴사율은 31.6%에서 32.5%로 증가했다.

신입사원의 조기퇴사 문제는 비단 임금수준이나 복리후생이 열악한 중소기업만의 문제가 아니다. 누구나 가고 싶어 하는 대기업의 경우도 신입사원 10명 중 1명은 입사 후 1년 이내에 회사를 그만둔다. 대체 이유가 뭘까?

MZ세대에서 퇴사자가 증가하는 것은 오늘날 한국 사회의 일터와 일 경험, 관계 등에서 총체적 어려움을 겪는 청년이 증가하고 있다는 말과 같다. 밀레니얼은 '나와 맞지 않는 회사에 머무를 필요가 없다'고 생각한다. 참는 것보다 빨리 그만두고 새 출발하는 게 낫다고 생각한다. 손해 보는 주식처럼 빨리 손절매하려 한다. 입사할 때부터 퇴사를 계획한다는 그들은, 현실을 생각해서 참는 것이 아니라, 현실을 생각하기 때문에 퇴사한다고 말한다. 어차피 조직이 나를 보호해주지 못하는데 충성이 무슨 의미냐고.

퇴직 vs. 퇴사: 나도 사표 내고 싶다!

세대별 특성을 이해하기 위해서는 먼저 세대 구분의 시작점과 종착점을 정의하고, 시대·문화적 배경을 살피는 것이 필요하다. 세대 구분은 논자마다 조금씩 다르다. 기성세대의 기축이 된다고 할 수 있는 베이비부머 세대는 1950년대 중반~1965년 출생자, X세대는 1965~1970년대 중후반, 밀레니얼 세대는 1970년대 후반~1990년대 중반, 그리고 신세대라 할 수 있는 Z세대는 그 이후에 태어난 사람들이라는 정의가 일반적이다.

조직 직급과 관련지어보면, 임원 이상에 베이비부머 세대, 중간관리자에 X세대, 일선 직원에 밀레니얼 세대, Z세대가 포진하고 있다. 수적으로 적지만 조직문화에 막강한 영향력을 미치는 베이비부머 세대와 조직문화의 허리를 형성하는 X세대는 선배세대를 대변한다. 조직의 기층문화를 형성하는 밀레니얼 세대, Z세대는 뼛속부터 다른 신세대다. 센 세대(베이비부머 세대), 낀 세대(X세대), 신세대(MZ세대)가 한 지붕 아래서 복닥거리고 있다.

'회사를 그만둔다'는 표현도 세대별로 다르다. 평생직장의 개념을 가진 베이비부머 세대에게 '퇴사'란 용어 자체가 낯설다. '퇴직'이란 말이 고작이었다. 검은 머리 파뿌리 되도록 한 우물을 파는 것을 직장생활의 미덕으로 여겼다. X세대는 첫 직장에 입사해 평균 2회 이상 이직한다. X세대 때만 해도 '퇴사'는 자연스러운 용어가 아니었다. 반면 MZ세대는 X세대보다 2배나 많은 평균 4회 이상 이직한다. 한 직장에 오래 있는 것이 경력개발에 도움이 된다기보다 경력지체라고 생각한다. 비슷한 직군이 아니라 전혀 다른 업종으로 이직하는 경우가 많은 것도 달라진 점이다. X세대가 고용불안정으로 퇴사했다면, 이들 세대는 자발적 퇴사가 많다.

20대의 절반은 취준생(취업준비생), 나머지 반은 퇴준생(퇴사준비생)이라는 말이 괜한 말은 아니다. 기성세대에게 퇴직이 음울한 끝이라면 신세대에게 퇴사는 명랑한 새 출발이다. 선배세대는 평생 한 직장을 다닌 것을 성공모델로 삼으며, 잦은 이직을 근성이 부족하기 때문이라고 생각한다. 반면 MZ세대는 평생직장을 성장지체와 무능의 증거로 간주한다. 빠른 퇴사와 잦은 이직을 용기 있는 선택이라 생각한다. 옮기면서 경력을 뻥튀기하는 게 더 유리하다고 판단해서다. 이들은 이력보다 경력을 원한다.

베이비부머: 피할 수 없으면 즐겨라

퇴사하고 싶을 때 마음을 다잡는 금언도 세대별로 다르다. 베이비부머 세대에게 "피할 수 없으면 즐겨라."가 먹혔다면 X세대는 "피할 수 없으면 견뎌라."로 마음을 삭혔다. 반면에 MZ세대는 "즐길 수 없으면 피하라."를 당당하게 외치며 사표를 던지는 쪽으로 마음을 정한다.

퇴사하려는 후배를 만류하는 풍속도 역시 세대별로 다르다. 마음이 흔들리는 눈치가 보이면 선배세대는 후배에게 "10년 후를 생각해보라."고 했다. 고속성장을 거듭하던 베이비부머 세대에게 통용된 동기부여 방법은 생애주기를 바탕으로 한 '동반성장론'이었다. 직속상사들은 역경을 경력으로 만든 롤모델들을 들려주곤 했다. "지금 네가 있는 위치는 여기 산 입구야. 몇 년 일하면 산허리, 그리고 정상에 올라가면 이렇게 많은 혜택이 있어. 고지가 바로 저긴데…, 응?" 조직의 별을 따기 위해 조금만 더 힘내보라고 당부했다. 혹은 "네가 조금만 더 열심히 일하면 우리 회사가 이렇게 커질 것이고, 그러면 부서가 확장되고 자리가 이렇게 많이 생겨. 10년 후 네 위치가 어디쯤이겠니?"

비록 모두가 임원이 되는 것은 아니지만, 임원이란 별을 딸 가능성을 상기시켜주는 것만으로 마음을 되돌리는 데 효과가 있었다. 10년 후 가슴 설레는 미래 이야기가 공동의 비전이 될 수 있는 시절이었다. 사표가 불온한 혁명이라고 호통칠 수 있는 이유기도 했다. 조직과 개인이 평생 동지로 연동되어 있기에 "파이팅!" 하며 지금의 고난을 즐기자는 말이 먹힐 수 있었다. 엉덩이 힘으로 버티다 보면 떠밀려서라도 부장까지는 올라간다는 최소한의 회사 안전망 덕분이었다.

X세대: 피할 수 없으면 견뎌라

X세대부터 성공 자극이 힘을 잃기 시작했다. 금융위기로 인한 구조조정을 겪으며 평생직장 개념도 무너졌다. 빨리 승진해봐야 빨리 내려오기만 한다는 걸 실감해서다. 또 주인의식과 주인은 다르다는 것을 체감한 세대이기도 하다. 베이비부머 세대가 야망으로 사표를 참았다면 이들 세대는 오래 버티는 것이 목표다. 조직에 대한 충성심이라기보다 야생에 대한 공포가 더 크기 때문이다.

이들 세대는 후배가 사표를 가져오면 조직에서의 성공이나 승진보다 현실적 문제에 대해 환기시켰다. 예를 들어 "아파트 대출금은 어쩔 건데? 한 달에 나가는 돈이 얼마인데…." 같은 말이 먹혔다. "조직은 정글이지만 나가면 지옥이다."라는 드라마 '미생'의 대사에 반응한 것도 이 세대다. X세대의 직장생활 처세훈이 '3·6·9 인내'가 된 것도 우연이 아니다. 입사한 지 3년, 6년, 9년이면 권태기가 오는데, 이때 아파트 평수를 늘리거나 자동차를 바꾸라는 것이다. 대출이나 할부 등 경제적 부담이 커지면 불끈불끈 솟아오르던 객기가 사그라들고 자발적 노예생활을 견뎌갈 수 있다는 처방이다. 이들에게는 높이 가는 것보다 오래가는 것이 슬기로운 직장생활이다.

MZ세대: 즐길 수 없으면 피하라

MZ세대에겐 '더 높이', '더 오래'가 통하지 않는다. 이들의 명제는 '더 빨리'다. 주어진 삶의 계단을 하나씩 착실하게 밟더라도 별 볼 일 없는 기성세대의 말로를 부모와 선배세대를 통해 목격했기 때문이다. 이들에게 '주인의식'은 주인을 의식하는 노예의 의식이다. 자신들의 잦은 이직과 빠른 퇴사, 짧은 근무기간을 현명한 선택이라고 자위한다.

이들에게 10년 후 가슴 두근거리는 조직비전에 대해 이야기해봐야 "10년 후에 내가 여기에 있을지 없을지 누가 알아?"라고 코웃음 친다. X세대에게 통했던 조직 밖 낭떠러지, 지옥론 역시 먹히지 않는다. 조금 더 오래 생명을 부지해보겠다고 조직에서 온갖 추한 모습은 다 보이고, 그나마 조금 갖고 있던 야생력과 전투력마저 상실한 선배세대를 보며 결심한다. '비굴한 존버(존나게 버팀, 오래 버틴다는 것의 속어)가 되느니 한시라도 빨리 나가는 게 상책이구나.'

심지어 신입사원 워크숍 중에 사표를 내는 경우도 있다. 이런 속전속결주의는 초고령 사회와도 연관이 있다. 기대수명 120세 시대를 살아야 하는 이들은 20대를 실험하는 시간이라고 생각한다. 여러 가지를 다양하게 모색해보고, 그중 자신에게 맞는 것을 골라 자립할 수 있는 방법을 찾아 실험하고 경험해보려고 한다. 선배들 눈에는 쉽게 그만두는 것처럼 보이지만 이들로선 나름 어렵게 결정하는 셈이다.

한 취업포털에서 20, 30대 직장인 1,206명을 대상으로 설문조사한 결과, 직장인의 91%가 퇴사를 고민했다고 털어놓았다. 이유는 1위가 연봉(16%)이었지만, 상사(13%), 동료(7%) 때문이라는 응답을 합치면 20%에 달했다. 결국 인간관계 스트레스가 곧 퇴사 고민으로 이어진다는 이야기다.

이들의 퇴사 욕구를 억누르게 한 요인은 무엇이었을까? 퇴사 고민을 철회하고 직장 근무를 이어나간 직장인들(29%)의 배경을 살펴본 결과 '경력을 쌓아야 해서'란 응답이 43%로 압도적 선두였다. 바꾸어 말해 이들은 단지 조직에서 일한 이력이 아니라, 본인들의 커리어 경력을 쌓을 수 있다면 힘들더라도 버틴다.

퇴사자를 우군으로 만들자

아끼는 직원이 떠나겠다고 하면 리더는 상처 입게 마련이다. 유능한 인재 이탈은 조직의 성과 저하를 의미하므로 유의해서 살펴야 할 요소다. 단기적으로 팀원들의 업무량이 늘어나는 것도 걱정이고, 회사의 리더십 평가도 신경 쓰일 수 있다. "내가 너한테 얼마나 잘해줬는데…" 하는 개인적 배신감도 들 수 있다.

팀원의 퇴사가 꼭 리더의 탓만은 아니다. 자책하며 통사정하거나 직원을 몰아붙이지는 말라. 떠나겠다고 결심한 경우, 간절히 붙잡아봐야 소용없을 때도 많다. 이때 무리하게 매달리며 거래를 시도하거나, 배신자로 몰아 적군으로 만들지 않는 것이 중요하다.

K소장은 사내에서 사람 좋은 리더로 통한다. 이른바 황희 정승 같은 리더다. 싫은 소리 한 번 안 한다. 그가 제일 두려워하는 것은 평판이다. 솔직히 자신의 리더십이 낮게 평가되는 것이 싫다. 한 직원이 사표를 내겠다며 면담을 청했다. K소장은 자신이 도울 수 있는

것은 다 돕겠다며 직원이 요구하는 조건을 거의 다 수용해주었고, 그 내용은 둘만 아는 비밀로 하기로 했다. 그 후 어떤 일이 벌어졌을까? 면담이 끝나자마자 그 거래 내용이 직원들에게 생중계되다시피 공유되었다. 모두 자신들의 문제도 그 이상의 조건으로 협상하겠다며 우르르 몰려오는 바람에 K소장은 사면초가에 몰렸다. 약자 리더가 거래의 유혹에 빠질 때 범하기 쉬운 실수다.

직원이 퇴사를 선언한다면 골든타임 포착과 골든룰 준수가 필수다. 골든타임이 사표 제출 후 비상 대응이라면, 골든룰은 상시 대비 리더십 규율이다. 구성원의 실수나 단점을 찾기보다, 그들의 말, 표정, 마음에 관심을 갖고 보듬자. 직원이 일에 대한 흥미를 잃었거나 업무능력, 적극성이 갑자기 떨어졌거나, 실망하고 있거나 등 이상 징후를 관심 있게 살펴보는 건 리더의 우선업무다.

예를 들어 직원이 정기회식을 3차례 이상 연속해서 빠질 경우, 이직 가능성이 있는 나름의 통계치를 갖고 있다는 리더도 있다. 직원의 불편한 기미를 미리 알아채지 못했다면 직원과의 소통시간이 부족한 것이다. 소통의 골든타임, 골든룰 모두에서 필요한 것은 '평상시에 신뢰를 깔아놓아야' 한다는 것이다. 기성세대는 의리만으로도 가능했지만 MZ세대는 다르다. '심리, 의리, 합리'의 3위 일체가 되어야 비로소 통할 수 있다.

정 떠나겠다고 하면 퇴사자를 우군으로 만드는 것도 나름 현실적 리더십이다. 유능한 구성원이라면, 이직했다가도 나중에 다시 회사로 돌아오는 것에 대한 가능성을 열어두는 것이 좋다. 복귀한 '연어 군단'이 조직에 중요한 기여를 하는 사례도 많기 때문이다. 비록 다른 직장에 있더라도 꾸준히 관계를 유지하며 사후관리를 하는 것도 방법이다.

어떤 마음가짐으로 일하는가?

	베이비부머 세대	X세대	MZ세대
스스로 다짐	피할 수 없으면 **즐겨라**	피할 수 없으면 **견뎌라**	즐길 수 없으면 **피하라**
조직생활 슬로건	더 높이	더 오래	더 빨리
롤모델	임원, CEO	프로, 전문가	프리랜서, 콘텐츠 크리에이터
사표 만류 멘트	"임원 한번 해봐야지."(성공)	"나가면 지옥이야."(불안)	"나갔더라도 언제든지 돌아오게."(자율성)

대의명분 vs. 균등 vs. 형평성

#에피소드_공모전에서 입상한 5명의 팀원에게 포상금이 20만 원 생겼다.

베이비부머 세대 "그동안 서로 애썼으니 이 상금으로 오늘 회식합시다. 비용이 모자라면 내가 보탤게! 마음 편히들 먹으라고."

X세대 "공평하게 n분의 1 하면 되겠네요."

MZ세대 "기여한 대로 나눠야죠. 똑같이 분배하면 열심히 일한 사람은 손해잖아요."

한 경영학과 교수가 세미나에서 '당신이 이 경우라면 포상금을 어떻게 쓸 것인가?' 하는 질문을 던졌다. 마침 좌중엔 베이비부머 세대, X세대, MZ세대가 고루 자리했다. 우연찮게도 답이 세대별로 갈렸다. 베이비부머 세대는 주저 없이 회식을 골랐고, X세대는 똑같이 나누는 것을 가장 많이 택했다. MZ세대는 공헌한 비율에 따라 차등을 두고 나눠야 한다는 답이 압도적으로 많았다. 실제로 포상금을 받은 대학생 팀은 밀레니얼 방식대로 배분했다고 한다.

공정성 인식에 대한 세대 차이는 스포츠에서도 살펴볼 수 있다. 2002년 한일월드컵이 끝난 후 4강에 진출한 국가대표 선수들에게 축구협회가 포상금을 차등 지급하겠다고 했다. 주전 선수들은 자신의 공을 주장하기보다 동일한 포상금 지급을 주장했다. 경기에 출전했든 안 했든 모두 똑같이 훈련하고 노력했기 때문에 포상금도 동일해야 한다는 논리였다. 이때 국가대표 선수팀의 주축은 이영표, 김병지 등 X세대였다. 당시 주전, 비주전 구분 없이 3억 원씩 공평하게 분배했다.

하지만 2012년 런던올림픽에서 한국이 올림픽 축구 역사상 최초로 동메달을 땄을 때 선수들의 포상금 분배는 10년 전과 전혀 달랐다. 이 팀의 주전 선수는 기성용, 박주영 등 밀레니얼 세대였다. 활약에 따라 4등급으로 분류해 7,000~4,000만 원으로 차등 분배했다. 2018년 평창동계올림픽 당시 남북 아이스하키 단일팀 구성에 대해서도 밀레니얼 세대들은 이념과 상관없이 반대의 목소리를 높였다. 이들은 민족애 같은 대의명분에 밀려 우리 선수들이 정당한 출전 기회를 잃고 희생을 강요당하는 불공정한 현실에 대해 분노를 표했다. 시대에 따라 공정성의 개념도 달라짐을 보여주는 사례다. 세대에 따라 대세도 달라진다.

대학가에선 중간고사나 학기말 평가 후엔 학점에 대한 해명 요구(항의 문자와 메일)로 몸살을 앓는다. 학점 분포표와 등수를 요구하는 학생도 있다. 그래서 요즘 각 학교는 공식적으로 학점 이의 제기 기간까지 정해두고 있을 정도다. 이는 기업에서도 다르지 않다.

밀레니얼 세대는 공정성에 불만을 가지면 즉시 어필한다. "제 일이 아닌데요.", "제가 왜 그걸 해야 하나요?", "제가 왜 이런 낮은 평가를 받은 건지 구체적인 근거를 말씀해주세요." 등등, 상사에게 직접 문제 제기하면 그나마 다행이다. 한마디 말도 없이 인사팀 혹은 차상위 상사에게 고충을 토로하는 메일을 바로 날리는 경우엔 더 난감하다.

누구나 공정성이 깨질 때 불편함을 느낀다. 자신의 노력과 그 결과로 얻어지는 보상의 관계를 타인과의 비교로 판단해 과소하다고 느낄 때 분노하게 되고, 어떻게든 그 차이를 줄여 손해를 보지 않으려 노력한다. 공정성에 대한 각 세대의 동상삼몽을 알아보자.

베이비부머 세대: 헌신과 우대는 동전의 양면

베이비부머 세대에게 공정성은 정의와 동의어다. 민주화, 민족주의는 올바르기에 아무도 이의를 제기할 수 없는 명분이다. 자신들의 주장이 옳다고 생각하기에 색깔을 선명히 드러내고자 한다. 밀레니얼의 공정성이 아래로부터의 보텀업bottom-up 형식이라면 이들에게 정의는 권위에 의한 톱다운top-down 방식이다.

앞서 부족한 회식비를 자신이 부담하겠다는 말에서 보듯 고참은 헌신의 의무를 지는 동시에 이슈를 선점하고 집행하는 권한도 함께 행사하고자 한다. '고참 부담의 법칙'을 뒤집으면 '고참 우대의 법칙'이 된다. 헌신(부담)과 우대는 동전의 양면이다. '해일 밀려오는데 조개 셀 겨를이 어디 있느냐?'는 386세대 민주화 인사의 말처럼 거대 담론 앞에서 개인의 이익을 보장한다는 의미의 공정성은 후순위로 밀려야 하는 한가한 이슈였다.

X세대: 양쪽 눈치, 내적 갈등

X세대는 이전 세대에 반항하기보다는 자신들의 주장을 탈색시키고자 했다. 이들은 컬러 TV 세대로 청소년기에 대중문화의 폭발적인 발전을 경험했다. 대학 진학률이 급격히 높아진 데다 배낭여행 붐으로 해외문화를 풍부하게 경험한 세대도 바로 이들이다. 한마디로 소프트 컬처 면에서 엄청난 축복을 받았다. 하지만 조직문화 같은 하드 컬처는 달라진 게 없었다. 더구나 경제적으로 IMF 외환위기, 글로벌 금융위기, 고용 한파의 연타를 직격으로 맞아 위축됐다. 개별 정치 성향은 진보적이지만 조직 내에선 타협해야 한다는 점에서 머리와 몸이 따로 놀아 내적 갈등이 심한 세대다.

통계청의 '한국의 사회동향 2016'에 실린 '정치 태도와 행위의 세대 간 차이' 보고서에 의하면 X세대의 정치 성향은 그 어느 세대보다 진보적이다(대표적 민주화 세대인 1960년대 생은 물론 1980년대 이후 태어난 밀레니얼 세대보다도 더 진보적이다. 특히 1970~1974년 생은 나이가 들어도 거의 보수화되지 않았다). 이들 세대에게 공정성은 치우치지 않는 객관성 혹은 평균을 의미한다. 조직 내 '낀 세대'로서 선배세대와 후배세대를 다 맞추다 보니 양쪽의 눈치를 본다. 두 세대 사이에서 조정하는 역할을 두고 "색깔이 없다.", "비겁하고 무력하다."는 비판을 받을 때 이들은 비감스럽다.

MZ세대: 지금 받지 못하면 나중에도 받지 못한다

MZ세대는 공정성에 대한 감수성이 민감하다. 이들에게 공정성은 개인의 삶을 지켜내기 위한 합리적 실용주의다. '나중에'란 말보다 즉각 보상, 즉각 시정을 요구한다. 이들은 베이비부머 세대처럼 대의 명분을 원색적으로 내세우지도 않고, X세대처럼 주장을 감추지도 않는다. 필요한 때마다 기회를 봐 자신의 생각을 즉각 표출, 표현하는 카멜레온 같은 보호색 세대다.

MZ세대는 미래를 위한 현재의 희생, 전체를 위한 개인의 양보에 동의하지 않는다. 아무리 목적과 의도, 명분이 좋아도 '과정이 옳지 않다면', '내 삶에 불이익이 생긴다면' 단호히 거부한다. 이들은 미래에 대한 보장보다 즉각 보상을 원한다. 나중은 없으며, 지금 받지 못하면 나중에도 받지 못한다고 생각한다.

따뜻한 공정성으로 통하라

공정성은 주 52시간 근무제 시행 후 한층 더 첨예해진 이슈다. 인사고과 평가뿐 아니라 일 분배 등, 더 복잡한 양상으로 드러나고 있어서다. 공정성은 분배, 과정, 상호작용 3가지 차원으로 접근할 필요가 있다.

먼저 '분배'의 공정성이다. MZ세대는 인센티브 등의 금전적 보상 못지않게 일의 분배에 대해 예민하게 반응한다. "너는 일을 잘하니까.", "너를 믿으니까."로 접근하면 실패다. 기준 없이 일을 더 주거나 빼앗으면 문제가 일파만파로 번질 수 있다. 쉬운 일, 어려운 일, 중요한 일, 허드렛일 등을 골고루 분배해야 한다. "왜 저한테만 이러세요.

제 일이 아닌데요."라고 반박할 때 대처할 나름의 기준을 갖고 있어야 한다. 요컨대 분배의 공정성은 리더의 업무 파악 능력과 비례한다.

둘째는 '과정'의 공정성이다. 수시로 피드백을 해주어야 한다. "무엇을 보충하고 고쳐야 할까?", "목표 달성을 위해 무엇이 더 필요하고 어떤 장애물을 제거해야 할까?"에 관해 수시로 대화해야 한다. 보완해야 할 점뿐 아니라 잘하고 있는 점, 나아진 점도 함께 이야기하라. 지적하지 않을 경우, 상대는 '잘하는 것'으로 오해할 가능성이 높다.

과정의 공정성이 보장되지 않으면 수용성은 낮아진다. 공정성은 수용성이 관건이다. MZ세대는 기여한 것보다 낮게 평가받는 것에 특히 민감하다. 팀 프로젝트를 하더라도 개별평가를 분명히 해주는 것이 필요하다. "우리 팀이 다 같이 한 것이잖니.", "자네 혼자 잘해서 된 것이 아니잖나?"라는 말은 금물이다. 애초에 업무를 나눌 때부터 기여도에 따른 객관적 기준을 명확히 세워야 한다. 협업이 필요하다면 이에 대한 인정을 평가항목에 넣는 것도 방법이다.

요즘 많은 회사가 부서, 프로젝트 공모제를 실시하는데, 이 역시 투명하고 공정한 조직문화를 정착시키기 위해서다. 사내 인트라넷에 새로 하는 프로젝트에 필요한 스펙을 올리고 그 일을 하고 싶어 하는 사람의 자원을 받는 것이다. 경쟁은 어쩔 수 없지만 경쟁의 절차는 투명해야 한다. 그래서 이 같은 과정의 투명성은 특히 중요하다.

마지막으로 '상호작용'의 공정성이다. 모든 사람을 만족시키는 공정성은 현실적으로 존재하기 힘들다. 완벽하게 합리적인 기준과 공정한 절차에 따라 저성과자로 판정 난 사람의 좌절감은 어떻겠는가? 기계적인 공정성보다 인간의 공정성이 우월한 이유는 상황에 맞게 정의를 세울 줄 아는 지혜를 가졌기 때문이다. 인센티브와 승진은 소수의 우수한 인재를 대상으로 주어지는 것이라 어쩔 수 없다. 나머지 성실한 다수를 배려해줄 방법을 생각할 필요가 있다.

MZ세대는 어려서부터 존중받으며 자란 세대로 자존감이 한결같이 높다. 이들에게 적어도 '존중'의 심정적 배려는 가능하다. 분배의 공정성은 새로운 관계를 만드는 데 효력을 발휘하지만 상호작용의 공정성은 관계 지속에 큰 힘을 발휘한다. 미국의 정치철학자 폴 우드러프Paul Woodruff가 한 말은 따뜻한 공정성에 대한 시사점을 던져준다.

"우리에게 필요한 것은 공식이 아니라 공식을 이해하고 적용할 우두머리다. 알고리즘에는 리더십이 필요하지 않다. 그러나 정의에는 리더십이 필요하다. 좋은 분위기를 만드는 리더십이 없는 공동체에 정의가 있을 수 없다."

공정성에 대한 서로 다른 정의

	베이비부머 세대	X세대	MZ세대
개념	정의, 민주화	평균, 균등	형평성(기여도)
색깔	원색	탈색	보호색
우선순위	대의명분	객관성	개인의 삶(실용성)
역할 인식	촉진자	중재자	당사자

선공후사 vs. 각자도생 vs. 유아독존

#에피소드_3세대에게 일의 의미를 묻다!

베이비부머 세대 "치열하게 살아야지. 야망을 가져. 자, 밥값을 하자."

X세대 "어떻게든 살아남으려면 부단히 노력해서 몸값을 올려야 해!"

MZ세대 "남과 경쟁하는 건 이제 신물 나요. 돈값만큼만 일하고 제 몸부터 챙기겠습니다."

"Stay foolish, Stay Hungry(항상 갈망하고 우직하게 나아가라)."

고故 스티브 잡스가 스탠퍼드 대학교 졸업식 때 한 유명한 말이다. 세대별로 해석은 다르다. 선배세대는 '배고픈 상태에 머무르지 말고 더 노력하라'는 뜻으로 해석하며 도약을 위한 투지를 다진다. 반면 MZ세대는 '배고픈 상태, 어리석은 상태에 평화롭게 머물러라', 즉 너무 애쓰지 말라는 여유와 관조의 미덕으로 풀이한다.

세대별로 살아온 시대적 배경이 다르니 생존 조건도 다르다. 다들 자신의 세대가 가장 일도 많고 탈도 많고 더 고통스러웠다고 생각한다. 어느 세대고 아픔이 없고 흔들리지 않은 세대가 없다. 내가 인터뷰한 3세대들은 하나같이 자신들을 '트래드밀 세대'라고 표현했다. 모두 열심히 뛰었지만 이룬 게 없다는 것이다. 각 세대가 생각하는 생존의 조건과 그들이 가진 불안은 무엇일까?

베이비부머 세대: 비루하고도 엄숙한 '밥값'

'밥값 하자'는 베이비부머 세대의 인생 구호다. 스티브 잡스가 말하지 않아도 늘 굶주리고 궁핍한 상태였다. 산업화 세대와 마찬가지로 베이비부머 세대에게도 밥줄은 지엄했다. 모든 일은 밥줄로 통했으며, 늘 밥과 연관됐다.

"네가 사장이라면 너 같은 사람에게 월급 주겠어?" 대학 졸업 후 입사한 첫 직장에서 내가 멘토에게 들은 조언 역시 그 궤에서 벗어나지 않았다. 58년 개띠인 그는 이어서 이렇게 말했다. "네가 밥값만큼만 일하겠다고 하면 회사는 기대에 못 미친다고 생각해. 농땡이 부린다고 자를 수도 있고. 밥값의 3배는 일해야 회사는 겨우 '저 친구는 밥값 하는군' 한다."

이 말만큼 조직생활을 관통하는 진리는 없었다. 남들은 절대 모를 거라고 생각하지만 사실 결점은 등에 붙은 먼지까지 다 보였다. 잘하는 것은 모를 수 있지만, 못하는 것은 모르기 힘든 게 조직의 묘한 이치다. 다만 리더가 모르는 척하는 게 조직 운용에 더 유리한가, 아닌가를 계산할 뿐이다. 실제로 직장생활을 해보니 이는 대충 한 셈법은 아니었다.

4대 보험료, 사무실 공간 이용료 등을 계산하면 내가 받는 연봉의 3배가 회사로선 손익분기점이다(참고로 고성과를 내는 하이퍼포머의 경우, 회사를 나와 같은 일로 돈을 벌 때 온전히 내 주머니로 들어오니 더 많이 벌 것이라고 착각하는 경우가 있다. 조직에서 지원해주는 숨은 부대 비용을 감안하지 않고 표면상 액수를 비교하는 것은 무리다. 정확히 말하면 나가서는 3배의 돈을 벌어야 손익분기점을 넘는다).

또 다른 58년 생 S사장은 그 시절을 이렇게 회고한다. "회사가 쑥쑥 성장하던 시절이었습니다. 몸이 10개라도 부족할 정도로 바빴지만 일하는 재미가 있었어요. 해외지사에 발령났는데 일하다 보면 어느덧 밤 10시를 넘는 게 보통이었습니다. 신혼 때였는데요. 문득 거실에 있는 달력을 보니 아내가 빨간 동그라미 3개를 쳐놓은 겁니다. 아내에게 이게 뭐냐고 물어보니 '당신이 집에서 저녁 먹은 날'이라며 펑펑 우는 겁니다. 얼마나 미안하던지…."

모든 걸 몸으로 부딪히며 통과해온 게 이들 세대다. 바짓가랑이라도 붙잡고 늘어져 안 되는 일도 되게 해야 하는 것이 이들 세대의 신념이자 성공비결이다. 제2금융권의 어느 은행 대표는 연이 닿지 않는 고객을 개척하기 위해 1년간 하루도 거르지 않고 아침마다 약수를 떠 그 고객의 대문 앞에 갖다 놓았다고 한다. 지극정성을 보인 끝에 마침내 고객을 만날 기회를 얻었다. 이처럼 깨지고 부딪히고 넘어지며 개척해온 게 이들 베이비부머 세대다.

이들은 '먹고살기 위해'란 명제 앞에서 때론 윤리도, 양심도 미뤄야 했다. 이들 세대에게 밥값은 비루함과 엄숙함을 동시에 가진 말이다. 생계는 비루한 것이지만 그것만큼 지엄한 것도 없었다. 눈뜨자마자 출근하고, 퇴근하면 베개에 머리를 대기가 무섭게 곯아떨어졌다. '하면 된다'를 믿고 달려왔고, 뛰는 만큼 성과도 나던 시절이었다.

신분의 수직이동 면에서 다이내믹 코리아가 가장 어울리는 시대였다. 개천에 사는 붕어, 가재, 개구리도 노력만 하면 용이 될 수 있는 세대였다. 이른바 밀레니얼이 말하는 사축社畜 회사형 인간이라 할 수 있다. 성실한 만큼 성공한다는 명제 하에 '월화수목금금' 성실 하나로 버텨온 세대다. '간조심조(간은 조직에, 심장은 조국에)'는 뜨거운 정열과 명분으로 똘똘 뭉쳐 어려움을 헤쳐온 이들 세대의 찡한 건배사다.

X세대: 실력과 자기계발만이 살길

고도 성장기에 자라 민주화 시대 이후에 대학을 다녔고 1997년 외환위기, 2008년 금융위기를 직격으로 맞은 세대다. 특별히 정치적 억압을 겪지는 않았지만, 경제적인 면에서 시련이 많았다. 극심한 수험지옥을 뚫고 대학에 들어갔더니 졸업 땐 외환위기로 채용시장이 얼어붙었다. 취업이 힘들어 대학원 진학, 유학을 결정한 이들도 많았다. 1997년 IMF 사태로 취업난을 겪고 어렵게 취업했더니, 2008년 금융위기 때는 자신들이 구조조정 대상이 되는 아픔을 겪었다.

회사에 헌신해봐야 헌신짝이 된다는 걸 실감한 이들은 실력을 쌓는 것만이 위기 돌파, 생존의 길이라고 생각했다. 베이비부머 세대가 '성실한 직장인'을 지향했다면 이들은 '탁월한 직업인'이 되기 위해 몸값 높이기에 열중했다. 똥값과 금값을 가르는 것은 결국 실력이라고 생각했기 때문이다.

밥값이 엄숙하다면 몸값은 엄격하다. 직장인의 대학원 진학, 자기계발 열풍이 시작된 것도 이때다. 오직 실력, 경력만이 생존의 조건이란 걸 몸으로 뼈저리게 체감한 세대다. 회사에서 하라는 것만 해서는 부족하고 전직(이직) 시장에서 높게 평가받는 프로가 되어야 한다는 의식이 강하다. 이전 세대가 '회사인간(조직에 모든 것을 바쳐 충성하는 회사원)'이었다면 이들은 '학원인간'이다. 샐리던트(샐러리맨+스튜던트)란 신조어가 나온 것도 이때다. "키스도 책으로 배웠다."는 말로 이 세대의 자기계발 만능주의가 풍자되었다.

이들은 회사 내에서 빠르면 임원, 보통은 중간관리자에 해당한다. 드센 베이비부머 상사와 개성 강한 밀레니얼 구성원 사이에서 치이고 까이며 마음고생이 크다. 권리와 혜택은 배제당하고 책임과 의무는 모두 짊어져야 하는 이중고 속에, 위에서 떨어지는 일과 밑에서 미루는 일이 다 모이는 '일의 집적소'가 되었다.

메디치미디어가 전국의 40대 700명을 대상으로 '조직의 부당한 대우에 어떻게 대응하는가'라는 질문에 '그냥 참고 지낸다'가 68%, '더욱 충성한다'가 59.2%로 다른 세대에 비해 조직 적응 노력이 확연히 높았다. 요컨대 불이익을 당하면 욱하기보다 꿍하고 삼킨다는 이야기다. 이들은 다른 세대에 비해 합법이든 불법이듯 대립-대결 면에선 소극적이지만 적응과 인내 면에선 질기고 강하다.

가장 순응적인 세대이지만 이들의 장점은 불행, 불운, 부당함을 외부보다는 내부로 돌려 노력하고 극복하려는 무한 긍정성이다. X세대는 대기실에서 언제 기회가 오나 벼르고 있었는데 위로는 386세대 장기집권에 밀려 무대에 올라가보지도 못하고, 그 사이 치고 들어온 밀레니얼 세대에게 어영부영 밀려날 상황이 됐다고 억울해 한다. '그 날'을 위해 부단히 갈고 닦았지만 '못다 핀 꽃 한 송이'로 '아니 벌써'를 읊조리며 내려올 처지란 자탄이다.

그럼에도 불구하고 이들은 여전히 철없이 낭만과 문화를 꿈꾼다. 그래서 영포티Young Forty는 영피프티가 되어서도 티 없고 해맑다. 현실의 걱정이야 끊이지 않겠지만, 머리로는 늘 세상으로부터 일탈을 꿈꾸는 낭만주의자들이다. 이런 세대에 "당신 멋져."란 건배사가 유행한 것은 흥미롭다. 당당하고 신나고 멋지게 져주면서 살기! 괴로워도 슬퍼도 져도 울지 않은 X세대의 자기 위로는 짠하다.

MZ세대: 돈값만큼 할게요

"Show me the money(돈 내놔)." MZ세대의 당당한 신조다. '회사를 위해 일하라'고 했다간 개코같은 소리라고 당장 그 자리에서 들이받힌다. X세대가 "때린 놈은 다리를 못 뻗고 자도 맞은 놈은 발 뻗고 잔다."는 논리를 펴면 "지는 것은 지는 것일 뿐"이라며 코웃음 친다. 살아가는 데는 팃포탯 전략(tit for tat, 경기자가 이전 게임에서 상대가 한 행동을 이번 게임에서 그대로 따라 하는 전략)이 필요하다고 훈수까지 둔다. 착취당할지 모른다는 생각에 잔뜩 긴장하고 경계하는 경우가 많다.

"사장은 직원에게 봉급을 주는 척하고 직원은 사장에게 일하는 척한다."는 말이 있다. 척척 돌아가는 것 같지만 척과 척의 위선적 행동이 흘러넘치는 상황을 풍자하는 말이다. 베이비부머 세대는 하는 일과 기여도에 비해 보수가 적더라도 미래를 생각하며 더 열심히 일하는 것으로 그 갭을 좁히고자 했다. X세대는 생존 공포 때문에 한쪽 발만 담그고 눈치를 살폈다. 반면에 MZ세대는 솔직하게 반응한다. '돈값만큼만 일하기'가 이들의 생활 선언이다.

이들은 공식적으로 문제 제기하거나 이직을 시도하지 않더라도 '받은 만큼만 하겠다'며 건성으로 근무하는 식으로 어떻게든 손해 보려 하지 않는다. 선배세대에겐 깜깜이였던 타사 연봉도 이들에겐 유리지갑처럼 투명하다. 급여 비교 사이트를 비롯한 여러 채널을 통해서 정보를 얻을 수 있기 때문이다.

X세대가 조직 내에서 '사노라면' 하며 어떻게든 생존하고자 했다면 이들은 대우가 기대에 못 미치면 쿨하게 떠난다. 이들은 가늘고 길게도 아니고, 굵고 짧게도 아니다. 짧게 끊어서 빠르게 간다. 지구는 둥글다. 회사 밖은 낭떠러지가 아니라 또 하나의 세계일 뿐이다. 예전보다 직업 안정성은 떨어졌지만 유연성은 높아졌기 때문이다. 기대 수준만 낮춘다면 아르바이트, 프리랜서 등 짧게 끊어서 살 기회가 도처에 있다. 아르바이트나 프로젝트 성격의 일, 정 안 되면 부모에게 얹혀서 사는 최소한의 출구전략이 있다.

이들 밀레니얼 세대의 부모는 베이비부머 세대다. 대학 졸업장은 고성장시대의 마패였다. 교육신화에 젖은 베이비부머 세대는 자녀들에게 무리를 해서라도 기꺼이 기획형 교육투자를 했다. 덕분에 밀레니얼은 뛰기도 전에 온갖 준비운동을 다 해보았다. 양의 시대에서 질의 시대로 진입하며 경쟁에 떠밀려 초조함으로 달려왔다. 출산 전부터 어린이집을 예약하고, 유아기에 가르치는 것도 부족해 이들의 부모는 태교부터 영어로 할 정도로 뭐든지 선행학습시켰다. 태어나기 전부터 경쟁을 위해 숨 가쁘게 달려왔다고 해도 과언이 아니다.

선행 또 선행, 준비 또 준비…. 선행과 준비는 이들의 인생 단어다. 회사에 들어오자마자 지치는 이유는 마라톤의 시작점이 아니라 도착점에 도달했다는 공허감도 작용한다. 역량을 쌓기 위해 너무 많은, 힘든 준비를 하고 수백 대 1의 경쟁률을 뚫고 들어왔는데, 하는 일은 허드렛일과 막내 역할뿐이다.

아프리카까지 가서 봉사활동하고 뉴욕 UN본부에서 인턴도 하고 왔는데 온종일 복사만 시키니 너무 허무하다. 파워포인트 글자체나 고치려고, 엑셀에 숫자나 입력하려고 이렇게 어렵게 준비했단 말인가? 이런 일도 해봐야 일의 이치가 트인다고, 무조건 하라는 대로 하려니 답답하다.

이들 세대는 학교 시절 내내 '공부만 잘하면, 시험만 잘 보면' 모든 게 면제되고 미뤄졌다. '공부'란 말이면 만사형통이었다. 기성세대는 나이가 많은 순서로 우대했지만 이들은 반대였다. 제사도, 명절 가족모임도 모두 수험이란 명분만 대면 만사 패스였고, 어린 순서대로 역逆 장유유서의 면책 특권이 주어졌다. 갈비와 굴비는 아버지가 아니라 가정 내 1인자인 그들의 몫이었다. 그러니 회사에서 객관적 명분 없이 장유유서를 따르라면 불합리하게 느껴진다.

밥값보다 몸값, 몸값보다 돈값

흔히 '인생 지랄 총량의 법칙'이 있다고 한다. 사람이 살면서 평생 해야 할 '지랄'의 총량이 정해져 있다는 의미다. 한번은 마음껏 지르고 놀아봐야 한다는 뜻도 담겨 있다. 그게 초년인가 말년인가가 다를 뿐이다.

기성세대는 '인생 고통 총량의 법칙'이 있으니 초년에 고생하자며 '고진감래'를 외쳤다. 하지만 밀레니얼은 반대다. 동토의 왕국을 헤쳐나갈 탁월한 스펙과 저항력, 악조건에서 살아남는 기술을 다 장착하고 세상에 뛰어들었다. 출생 전부터 선행, 선착순으로 달려왔으니 이제 좀 쉬어야겠다는 것이다. 초년 고생은 충분히 했다. 그간 '노오력'도 많이 했고, 열정을 쥐꼬리만 한 페이로 바꿔가며 인풋input 했으니 이제는 잠시 멈추고 아웃풋output 대비해 정산해봐야 겠다는 셈속이다.

정신없이 달려온 방향이 맞는지, 불안해서 닥치고 취직한 것이 옳은 선택이었는지 돌아봐야겠다는 외침이다. 선행학습이 키워드인 이들은 인생 고민도 일찌감치 한다. 이들은 인생 진로 고민도 베이비부머가 정년의 60대에, X세대가 인생 갈림길의 40대에 하는 것을 앞당겨서 한다. 주말이나 퇴근 후 시간을 쪼개 공부를 하고, 임장臨場이라해 부동산 투자 실습을 위한 현장 방문을 하기도 한다. 장기적으로

1장_"진지하게 그만두는 건데요."

차근차근 준비한다.

생존을 위한 공부도 달라졌다. 베이비부머는 성공의 조건으로 직장생활에 올인, 열정과 성실에 승부수를 걸었다. X세대는 업계에서 알아주는 실력 축적을 위한 지식, 자격증으로 내실을 기하고자 했다. 반면 MZ세대는 '길고 오래갈' 습관에 투자한다.

요즘 '루틴routine'이 유행하는 것도 그 때문이다. 생산적인 강박형 세대라 할 수 있다. 온라인을 이용해 언제 어디서나 공부할 수 있는 이들은 좋은 생활습관을 몸에 새겨놓고자 한다. 자격증 취득이든, 취미든, 삶의 위로든 내용은 무엇이든 상관없다. 이들은 실력이든, 습관이든 몸에 장착하는 걸 중시한다.

MZ세대는 누군가의 삶을 그대로 따라 하거나, 어떻게 행동하면 성공한다는 말에 동조하지 않는다. X세대는 롤모델이 없다며 선배세대를 원망하기도 하지만 이들은 "인생엔 어차피 롤모델이란 없다."고 쿨하게 받아들인다. 요컨대 '내가 전부'인 세대다. 이들은 돈을 더 벌기보다 덜 쓰는 것으로 어려움에 대처한다. 그러니 자기계발 역시 도전의식보다는 작은 것에서 행복을 발견하는 방법에 관심을 가질 수밖에 없다. 집에서 학습지를 구독하며 받는 '참 잘했어요' 도장 하나에 기뻐하는 것도 같은 맥락이다. 이들은 자기계발서의 '나는 무엇이든 할 수 있다'는 거부하지만 '어제의 나와 경쟁하라'에는 동의한다. 실제로 이를 가장 잘 실행하는 세대다.

카페를 경영하는 30대 초반의 K는 매해 철인3종 경기에 참가해 자신의 체력과 인내력을 점검한다. 전회 경기 기록과 비교해 분발 의지를 다지는 등 스스로 마음을 관리하고 동기를 부여한다. 대기업에 들어가 힘들게 일하며 높은 연봉을 받기보다 자기만족과 위안을 느끼며 조촐하게 일하는 것을 선호한다. 밥 먹는 것부터 노는 데까지 자기만족과 위안을 이토록 중시하고 체화한 세대는 그 어느 때도 없었다. 이들 역시 돈을 중시하지만 '모로 가도 서울만 가면 된다'는 기성세대의 생각에는 거부감을 표한다. '개같이 벌어서 정승같이 쓴다'는 논리도 싫다. 이들은 현재를 바르게 누리며 쓰고 싶다. 모로 가서 개처럼 벌어야 한다면 이들은 기꺼이 덜 벌고 덜 쓰는 쪽을 택한다.

'나를 위하여, 나에 의하여, 나의 힘으로.' 동절기에 태어나 자존감으로 단단히 무장한 세대답게 수축 소비 대세에 따르는 이들이 밀레니얼이다. 이들은 '선택과 집중'으로 대처하고자 한다. 명품 쇼핑과 호캉스(호텔에서 바캉스), 해외여행을 지르는 호기 어린 사치를 부리는 것을 보고 개념 없는 소비를 한다고 보는 것은 반쪽의 진실이다. 한편으론 카드 포인트, 마일리지 하나도 꼼꼼히 챙기고, 이율 0.1%를 더 받기 위해 발품을 판다. '호갱' 되는 것은 경계하지만, '개념 있는 소비'는 지향한다. 각자도생을 넘어 자신의 기준으로 유아독존을 외친다. 이념은 약하지만 개념은 강하다.

어느 스타트업 회사에서 최고의 프로그램 개발자를 스카우트해올 때 내건 조건은 단순했다. 돈을 많이 준다거나 승진을 보장하는 게 아니고 '당신이 하고 싶은 개발 일만 마음껏 하게 해주겠다'는 것이었다. 그것만으로도 동기부여가 된다는 것이다. MZ세대는 복합적이다. 스타트업 붐을 보면 도전적인 것 같고, 9급 공무원 시험에 몰리는 것을 보면 한없이 안정 추구형인 것 같다. 이들에게 일은 도대체 어떤 의미일까?

선배세대가 MZ세대에게 일에 대한 열정이 떨어진다고 우려하는 것은 일에 대한 의미가 달라서다. 툭하면 회사를 그만두는 이유 역시 역설적으로 일의 원초적 의미에 대한 열정이 강해서다. 이들은 일을 통해 자아실현을 하고 싶어 한다. 의미와 재미가 동시에 만족되거나, 적어도 어느 하나라도 확실히 만족해야 일을 지속할 수 있다.

경제적 안정성이 확실해 퇴근 후 '저녁이 있는 삶'을 살거나 아니면 일 자체가 본인에게 행복을 주거나, 둘 중 하나다. 그래서 전자는 9급 공무원 시험에 몰리고 후자는 스타트업에 나선다. 이러한 극단적인 현상은 모순이 아니라 동전의 양면이다. 좋아하는 일을 할 수 있는 직업을 찾든지, 좋아하는 일을 하게 해주는 직업을 구하려는 것이다. 둘 다 안 될 경우 열정 낮추기로 적응을 시도한다.

단군 이래 최고의 스펙을 가졌고 일에 최고로 의미를 부여하건만, 왜 내 옆자리의 밀레니얼 직원은 자신의 능력을 100% 발휘하지 않을까? 왜 오히려 적당히 대충하는 것을 슬기로운 직장생활 요령으로 생각할까(혹은 그렇게 보일까)? 어떤 경우는 B급 정서를 거부하기는커녕 따라 해 '악화가 양화를 구축하는' 현상을 보이기도 한다. 리더라면 그 이유가 궁금할 것이다. 먼저 밀레니얼 직장인의 3가지 유형을 알아보자.

적성에 맞지 않는다며 딴청 피우는 메뚜기형

이들은 열정에 대한 착각에 빠져 있다. 지금 하는 일이 적성에 맞지 않는다며 계속 한눈팔고 새로운 일을 탐색한다. 이들 밀레니얼 직원들과는 열정의 참 의미에 대해 이야기를 나눌 필요가 있다. "가슴 뛰는 일을 하라." 이 말에는 함정이 있다는 것을 알려주어라.

가슴 뛰는 일이 일상이 되면 그 두근거림이 사라지고, 또 사람들은 대부분 자기 자신의 적성을 잘 모른다. 열정에 대한 과잉기대 때문에 적성에 맞지 않는다며 현실을 외면하는 현상이 빚어진다. 흔히 열정이라고 하면 펄펄 끓어야 하고, 적성이라고 하면 내 성향과 꼭 맞아떨어져야 한다고 생각한다. 열정의 바른 정의에 대해 알려줄 필요가 있다.

진정한 열정은 지속성과 성실성이다. 자신이 좋아하는 것을 위해 다른 것들을 과감히 포기하고 견디는 것, 그 강도가 열정의 지표다. 현재의 일에 좋아하는 것을 결합시킬 방법을 모색하도록 도와주어라.

평균 이상의 열정은 보이지 않는 개미형

일의 의미와 작은 성공을 깨닫게 해주어라. 개미형은 일의 보람을 느끼지 못하거나 혹은 자신의 능력에 한계가 왔을 때 나타난다. 본인이 하는 일이 어떤 선한 영향력을 미치고 있는지 그 의미를 깨우쳐주어야 한다.

개미형 근면과 꿀벌형 근면은 다르다. 차이는 성과를 눈으로 확인할 수 있느냐 없느냐에서 갈린다. 꿀벌이 탈진하지 않는 것은 꿀이란 구체적 성과를 보고, 공유하는 데 있다. 열심히 일하다가 갑자기 기운이 떨어지는 개미형에겐 일의 보람 혹은 능력에 대한 자신감을 구체적으로 느끼게 하는 것이 효과적이다.

펜실베이니아 대학교 와튼스쿨의 애덤 그랜트Adam Grant 교수는 "장학금을 모집하는 콜센터 직원들의 동기부여를 위해 그 장학금 혜택을 받는 학생들과의 감사 미팅 자리를 마련하니 일에 대한 의욕이 향상됐다."고 밝혔다. 또 "일의 의미는 화려한 일이나 거창한 성과와 목표가 아니더라도 동료를 돕는 것처럼 사소한 데서도 발생할 수도 있다."는 것을 일러줄 필요가 있다. 또 이들은 자신이 발전하고 성장하는 것을 느끼지 못해 불안해 하는 경우도 있다. 누구나 계단식으로 성장하고 벽에 부딪혀 정체된 것 같은 슬럼프에 부딪친다는 것을 일러주어라. 일을 쪼개서 주어 단계마다 작은 성공을 경험하게 하는 것도 효과적이다.

'저녁이 있는 삶'을 추구하는 베짱이 유형

일과 삶의 균형은 분리가 아니라 통합임을 공유하라. 이런 유형에게 직장생활은 퇴근 후 삶을 위한 경제적 수단일 뿐이다. 또 그것을 인생의 지혜라 자부하고, 열심히 일하는 사람을 은근히 무시하기까지 한다. 이런 유형은 헛똑똑이다. 과거엔 안 보이는 척 투명인간이 되면 살아남을 수 있었지만, 4차 산업혁명 시대에 잉여인간은 1순위로 도태될 수밖에 없다.

일을 위해 개인의 삶을 희생한 것만큼이나 개인을 위해 일을 희생하는 삶도 불행하다. 조직에서의 발언권은 조직에 대한 공헌, 능력에 비례하기 때문이다. 직장생활의 투 트랙인 커리어 지향형과 라이프 지향형 중에서 무엇을 선택하느냐는 각자의 몫이므로 강요할 수는 없다. 단, 본인의 선택으로 현재의 소확행을 중시해 미래의 커리어를 포기했다면 다른 사람의 성공에 시기질투는 하지 않을 각오가 되어야 함을 일러주어야 한다.

직장의 의미가 달라졌다

	베이비부머 세대	X세대	MZ세대
직장의 의미	생계(밥값)	생존(몸값)	생활(돈값)
대학 진학	1970~80년대	1990년대	2000년대
사회 진출	1980~90년대	2000년대	2010년대
구호	"Be Ambitious (야망을 가져)."	"Career Up (커리어를 쌓아)."	"Show me the money (돈 내놔)."

1장_"진지하게 그만두는 건데요."

돈키호테 vs. 햄릿 vs. 로빈슨 크루소

#에피소드_ 너무 많은 정보?

베이비부머 세대 "냉면은 이로 끊어 먹는 거지, 절대 가위로 잘라 먹으면 안 돼. 그거 냉면 맛 모르는 사람이나 하는 거야(단호하게)."

X세대 "냉면을 가위로 자르면 메밀 면발이 산화된대. 그래서 이로 끊어 먹어야 하는 거라고 하더라…. 뭐, 편한 대로 먹어(말꼬리 내리며)."

MZ세대 "됐고요. 제가 먹고 싶은 방식으로 먹을게요(들릴 듯 말 듯)."

잔정이 넘쳐서일까. 걱정도 팔자여서 그럴까. 하다못해 냉면은 이로 끊어 먹어야 목 넘김이 다르다는 것, 묵은지는 손으로 찢어 먹어야 제맛이란 것 등 생활의 지혜까지 한 수 거들고 싶다. 인생의 참맛에 대해 '한마디' 얹고 싶은 마음에 TMI(too much information)가 폭주한다. '아차' 하는 순간 입 밖으로 튀어나온 말은 주워 담기도 힘들다.

선배세대의 과잉정보 제공과 오지랖에 대한 밀레니얼의 반감은 서구도 다르지 않은 듯하다. 2019년 영미권에선 밀레니얼이 '베이비부머인 척하는 그룹A Group where we all pretend to be boomers' 페이스북 커뮤니티가 화제였다. 밀레니얼이 1950~1970년대 생 베이비부머 세대인 척 꼰대스러운 게시물과 사진을 올려 풍자하는 게 주 내용이다. 기성세대가 밀레니얼에게 "게으르고 이기적"이라며 낙인을 찍은 데 대한 반작용이 커뮤니티를 결성한 취지라고 한다.

또 25세의 뉴질랜드 의원이 의회 연설 중 자신의 발언을 방해하려는 나이 많은 의원을 향해 한 치의 머뭇거림도 없이 심드렁하게 내뱉은 "오케이 부머."가 유행어가 되었다. '부머'는 베이비부머 세대의 준말로 기성세대를 가리킨다. 이들이 무슨 말을 하려고 하면 "됐거든요." 하며 자르는 말이다. 서구의 신조어 사전인 '어반 딕셔너리www.urbandictionary.com'에선 이에 대해 "베이비부머들의 바보 같은 얘기가 틀렸음을 설명하는 게 어려워, 그냥 무시하고 알겠다고 응수하는 것"이라고 설명하고 있다.

한 취업포털에서 자사 회원 750명을 대상으로 '직장 내 꼰대'에 관한 설문조사를 실시한 결과 90%가 '사내에 꼰대가 있다'고 답했다. 직장인들은 '내 말대로 해' 답정너 스타일(23%)을 꼰대의 전형 1위로 꼽았다. 그다음으로 '까라면 까' 상명하복식 사고방식(20%), '내가 해봐서 아는데' 전지전능 스타일(16%), '네가 이해해라' 무배려·무매너 스타일(13%), '너 미쳤어?' 분노조절 장애 스타일(10%), '야!' 다짜고짜 반말하는 스타일(9%) 등이 상위권을 차지했다. 꼰대의 직급으로는 부장급(31%)이 가장 많았고, 과차장급(24%)과 상무, 전무급(17%)이 2, 3위에

올랐다. 최근에는 이런 행태를 답습하는 20, 30대는 물론 청소년에게
도 '꼰대' 딱지가 붙을 만큼 꼰대의 평균 연령이 낮아지고 있다.

꼰대는 종류도 많다. 별의별 꼰대가 다 있다. "나 때는 말이야…."
로 시작하는 꼰대는 이제 고전파에 속한다. "너 이러면 사회생활 못
한다."며 협박하는 인싸(인사이더) 꼰대, 사회에 반기를 들라고 부추기
는 진보 꼰대, 사회에 적응하라고 강요하는 보수 꼰대, 최근에는 '막
무가내라도 나답게 사는 게 자존감을 지키는 법이라고 훈수 두는' 자
존감 꼰대도 나왔다. 그런가 하면 "있잖아. 우리 팀에 신입이 나 하나
였을 때 진짜 살벌했다. 내가 그동안 회사생활을 망나니처럼 해가지
고 너는 대충해도 다 좋아하실 거야."라며 별걸 다 가지고 생색내는
젊은 꼰대까지 출현했다.

직장인들이 서로 논쟁하다가 "그건 꼰대나 하는 말이야."라고 공
격하면 KO패다. "그건 틀렸어."보다 더 강력한 공격이다. 모두 꼰대
란 말 한마디에 경기를 일으킨다. 떠들어도 꼰대질, 가만히 있어도
꼰대질, 대한민국은 현재 꼰대 사냥이란 말이 지나치지 않다. 꼰대의
혐의에서 웬만해선 피해가기 힘들다 보니 사람들의 꼰대 감수성도
한결 높아졌다.

일본에선 꼰대스러운 발언이 나오면 작동하는 AI 꼰대 선풍기도
개발됐다. '선배풍先輩風 1호'라는 이름을 가진 이 선풍기는 AI가 약
2,000가지의 꼰대스러운 단어를 기억해두었다가 해당 키워드가 나
오거나, 말이 길어지면 수치화해 작동된다. 수치 상승과 비례해 바람
의 세기도 3단계로 강해진다.

알고 보면 꼰대도 꼰대 나름, 세대별로 유형도 다르고 대처법도 다르다. 살아온 자와 살아갈 자, 하나라도 더 가르쳐주고 싶다는 선배와 TMI는 민폐라며 거부하고 싶다는 후배들. 어떻게 소통해야 할까?

베이비부머 세대: 핏대형 진성 꼰대

전형적인 오지라퍼로 자신의 경험에 대해 무한한 확신을 갖고 있다. "나 때는 말이야.", "요즘 애들은…" 하며 시대를 구분 짓는다. "자식 같아서…", "자네 위해서 하는 말인데…"라는 관용어를 남발하며 상대를 위한다는 명분으로 포장하는 경우가 많다. 자신들의 경험이 진정으로 도움이 된다고 생각하기 때문에 한마디라도 더 해주는 게 선배세대의 책임을 넘어 사명이라고 확신한다. 자기 자신의 주관에 대한 강한 확신을 가지고 돌진한다는 점에서 돈키호테에 비유할 수 있다.

이들 역시 자신들의 선배세대에게 '야단맞아가면서' 혹독한 수습기를 거쳤고, 그것이 유용했다는 산업화 세대의 경험이 새겨져 있기 때문이다. 기억이 약간 편집되었을망정, 자신들의 주장에 대해 회의하지 않는다. 알고 보면 이들은 공감이 부족한 게 아니라 자신감이 과잉이어서 문제다. 자신들의 경험, 훈수대로 하기만 하면 누구나 우수해질 수 있다는 사해동포주의자, 만민평등주의자들이다.

이렇게 금과옥조 같은 이야기를 '전도'하는데 듣지를 않으니 오죽 답답하겠는가? 이 세대는 종종 후배세대와 대화를 나누고 나서 "이건 하극상이야." 하고 분통을 터뜨린다. 닥충(닥치고 충성)까진 아니어도 일단 소통을 해야 하는데 후배세대는 회식도 싫어하고 회의 때는 아무 말도 하지 않으니 방법이 없다.

늘 모든 게 못마땅하고 속으로든 겉으로든 핏대가 오른다면 먼저 자신을 점검해볼 필요가 있다. 도로를 달릴 때 몇몇 차만 역주행하면 그들의 잘못일 수 있다. 하지만 모든 차가 역주행하고 있다면 누구 잘못일까? 모두가 못마땅하다면 그들 탓이 아닐 수도 있다.

X세대: 이율배반 갈대형 샤이 꼰대

자신을 과대평가하는 진성 꼰대가 자신의 그림자를 대면하지 않는 유형이라면, 자기를 비하하는 X세대 꼰대들은 자신이 지닌 빛을 인정하지 않는 유형이 많다. 겉으론 꼰대가 아닌 척하지만 속으론 꼰대여서 늘 갈등한다. 시대는 변했고 살아남기 위해 꼰대가 아닌 척할 뿐이다. 후배들에게 "힘든 것은 없어?" 같은 애매한 질문을 던지거나 "편안하게 이야기해."라고 말하지만 정말 편하게 이야기하면 내심 불편해 하고 괘씸해 한다. '잔소리를 할 것인가, 말 것인가. 그것이 문제로다' 하며 늘 양단에서 고민하는 X세대는 햄릿에 비유할 수 있다.

이들은 꼰대가 되지 않기 위해 몸속에 사리가 생길 정도로 노력하고 드러나지 않도록 하기 위해 위장한다. 신조어도 열심히 찾아 외우고, MZ세대가 열광하는 가수의 랩도 따라 해보지만 후배들의 반응은 차갑기만 하다. "신조어를 알아듣는 것 정도가 딱 적정하다. 그 선을 넘어 너무 많이 사용하면 오히려 부담스럽다."고 말한다. 노래방에서도 그냥 자기 세대의 노래를 잘 부르는 게 더 낫다. 각자의 장점을 살릴 때 존중받는다.

이런 샤이 꼰대의 문제는 결정적 순간에 폭발해 '정체'를 커밍아웃한다는 것이다. 자신이 기대한 기준과 규율을 지키지 않을 때, 후배에게 대놓고 요구하지 못하다가 어느 순간 폭발한다. 그간의 노력이 도로나무아미타불 되는 순간이다. MZ세대는 이것을 변덕으로 생각하고, 결국은 똑같은 꼰대로 본다. "당신도 다를 게 없었어." 하면서.

MZ세대: 무시형 젊은 꼰대

밀레니얼 초반 세대는 어느덧 40대에 접어들었다. 밀레니얼들끼리는 같은 신세대라 서로 잘 통할 것 같지만 의외로 서로 힘들어한다. 밀레니얼 세대는 '혼자서도 잘해요'를 연발하는 고립형이란 점에서 로빈슨 크루소에 비유할 수 있다. 견제와 경쟁 심리도 작용해 나이든 꼰대보다 더 힘들다고도 한다. 젊은 꼰대는 우월의식을 가진 '일잘러(일을 잘하는 사람)'인 경우가 많다. 전통형 꼰대가 '누구나 할 수 있다'는 과잉기대로 부담스러운 '무례한 오지라퍼'라면, 이들 쿨한 꼰대는 '과소기대의 선민주의자'로 "나만큼 할 수 있겠어?" 하는 무시형이 많다.

실제 MZ세대는 70대 꼰대보다 30대 젊은 꼰대가 더 싫다고 한다. 기성세대의 시선을 그대로 답습해 이를 더 모질게 주장하기 때문이다. 베이비부머 꼰대처럼 침을 튀기지도, X세대 꼰대처럼 속앓이하지도 않는다. 선별적 관심과 우월의식을 보이는 것으로 대응한다. "나 때는 꼰대가 얼마나 많았는지 아니? 너희는 복 받은 줄 알아." 하

1장_"진지하게 그만두는 건데요."

며 분위기를 싸하게 만든다.

꼰대 샤우트의 베이비부머는 "하면 된다."며 늘 풍차를 향해 돌진하는 돈키호테에 가깝다. 늘 주변의 눈치를 보며 선택할 때 고민하는 꼰대 샤이의 X세대는 햄릿형이 많다. 혼자서도 잘 살고, 일에 대한 자신감을 보이는 MZ세대는 무인도에 표류해서도 잘 적응하는 로빈슨 크루소형에 비유할 수 있다. 이처럼 꼰대 유형이 다양해지는 이유는 무엇 때문일까?

첫째, 유독 요즘 나쁜 꼰대가 많아졌다기보다 꼰대를 문제시하는 현상이 늘어났다. 예전에는 참고 넘어갔지만, 이젠 참고 견딜 필요가 없어졌다. 취업이 어렵다고 하지만 노동 유연성이 높아져 선택지가 늘어났다. MZ세대는 경력을 포기하고라도 중고 신인으로 기꺼이 직장을 옮긴다. 심지어 직종도 바꾼다.

직종별 인재 요건의 구별도 무너져서 자동차 기업에서 패션 기업으로 갈 수도 있다. 전 직장으로 돌아온 언어는 예전처럼 배신자 취급을 받지 않는다. 프리랜서도 마다하지 않는다. 과거에 '사표'가 구성원에 대한 압박 수단이었다면, 이젠 오히려 반대다. 노동 유연성이 구성원에게 발언의 자유, 문제 제기의 자유에 날개를 달아주었다.

둘째, 360도 다면평가 방식의 인사평가 제도를 택한 회사가 많아졌다. 예전엔 하향평가가 대부분이었지만, 이제는 시대가 변해 구성원의 상향평가도 중요한 비중을 차지하게 됐다. 일부 외국계 기업에선 팀 프로젝트 때 리더 드래프트제를 실시해 구성원이 리더를 선택하게 한다. 구성원으로부터 선택받지 못하면 프로젝트가 없어져 도태되는 시스템이다. 당당하게 꼰대를 꼰대라 말할 수 있게 된 것이다.

셋째, 상사에 대한 기대수준이 높아졌다. 예전엔 옆 부서 리더와 비교하는 게 고작이었다. 아니면 과거 상사의 경험치가 다였다. 요즘은 아마존, 넷플릭스 등 글로벌 기업 CEO와 비교하거나 인터넷 정보 종합치와 대조한다. 늘 상사는 쪼잔한 것으로 '트집'이나 잡는 꼰대로 보일 수밖에 없고, 기대에 못 미친다. 이들은 자신들의 폭넓은 관계에 비해 '우물 안 개구리'로 사는 선배들이 답답하다. 우물 안 개구리가 자신의 지식과 경험이 전부인 양 조언하려 할 때 코웃음을 치게 되는 것이다.

넷째, 수요와 공급의 시장법칙이 세대 소통에도 적용된다. 70세까지 사는 게 드물던 전통사회에서 기성세대의 지식은 희소했다. 지금은 그렇지 않다. 통계청에 따르면 우리나라 인구분포에서 베이비부머 세대가 13.8%, X세대가 17.7%다. 기업마다 밀레니얼 직원의 비중이 점점 늘어나고 있다. 주요 대기업의 경우 이미 밀레니얼 세대 비중은 30~40% 이상이다. 신생 IT기업은 절대 다수가 밀레니얼이다. 게다가 지식의 유통기한, 유효기간이 짧아졌다. 농경사회에서 산업사회까지는 '어른'의 이야기를 듣는 것이 유익했다. 시행착오를 줄여주니 귀담아들을 만했다. 윗사람이 제시해준 방향을 따라 가면 되기에 '찬물도 위아래가 있다'는 말을 보편적으로 받아들일 수 있었다.

그러나 오늘날은 반대다. 사무실에선 윗목, 아랫목이 없어졌고 정수기에선 윗물, 아랫물이 없어졌다. 마찬가지로 조직에서도 상명하

　　　　　　　　　　　1장_"진지하게 그만두는 건데요."

달로 속도를 내기보다는 문제해결을 위한 창의성이 더 유효하다. 또 민첩성은 MZ세대가 더 뛰어날 수 있다. 예전에는 지식, 정보의 직렬 방식이 유효했지만, 이젠 병렬시스템이 힘을 발한다. 지식 나열보다 지혜와 통찰로 승부를 걸어야 존재감을 드러낼 수 있다.

잔소리, 술 말고 기회를 주어라

요즘 중간관리자는 후배가 조금만 얼굴빛이 안 좋아도 '내가 뭘 잘못했나?' 위축되기 일쑤다. 너무 자존심 상해 하거나, 괴로워할 필요는 없다. 요즘 세대는 다 그러려니 생각하는 게 편하다. 분노도 금물이다. 혹시라도 선을 넘는 수준으로 화를 냈다가는 자살골이다. 당신만 겪는 일은 아니다. 지나치게 경계하는 것보다 '나도 꼰대일 수 있다'는 자기점검을 하는 것으로 충분하다. '나는 꼰대가 아닐 것'이라는 지나친 확신만 경계하자. 몇 가지만 유의하면 된다.

첫째, 목소리 톤이나 볼륨만이라도 조금 낮춰보자. 중년 이상이 되면 절로 목소리가 커지는 경우가 많다. 그냥 말해도 화내는 것처럼 들린다. MZ세대는 큰 목소리라면 질색한다. 밀레니얼은 논술 세대로, 어려서부터 토론수업을 받았다. 윽박지르기보다 논리적으로 토론하는 것에 익숙하다.

선배세대는 '내가 무슨 심한 말을 했다고…' 하는데 밀레니얼은 왜 이렇게 크게 말하는지 모르겠다며 내용과 상관없이 혼내는 것으로 느낀다. 선배세대의 경험치로는 그 정도는 야단 축에도 못 들지만, 이들에게는 목소리를 높이거나 논리적 근거 없이 지적하는 것도 꼰대질이다. 같은 이야기라도 논리를 갖추고 조곤조곤 말하면 훨씬 덜 꼰대스러워 보인다.

둘째, 공감력을 기르자. 공감력은 귀에 딱지가 앉도록 듣지만 개선이 쉽지 않다. 공감은 상상이 아니라 경험을 해야 향상된다. 구체적 팁으로 외국어, 운동, 취미 등 자신의 약점 분야를 배울 것을 권하고 싶다. 내가 예전에 수영을 배울 때의 일이다.

운동신경이 둔한 나는 아무리 노력해도 실력이 늘지 않았다. 코치가 자꾸 다그치고, 같이 배우는 수강생들에게 눈치가 보여 무척 힘들었다. 하지만 약자 체험 덕분에 공감력은 높아진 것 같다. 누구나 나이가 들수록 자기가 잘하는 일만 반복하고 싶어진다. 약점 분야에 도전해 공감력을 기르자.

셋째, 핑계 말고 설명을 하자. MZ세대는 창의성에 대해 자부심을 갖고 있다. 이들은 창의적인 아이디어를 내놓았는데 "우리가 그런 걸 안 해본 줄 알아?"라고 대꾸하면 꼰대로 귀결될 수밖에 없다. 여기에 대해 "이 아이디어가 잘못됐다는 게 아니라 비용 대비 효과를 고려해 보자는 거야." 하고 상세하게 얘기해보자. 당장은 비합리적으로 보이지만 전체적인 차원에서 왜 그게 더 합리적인지 이유를 설명해주자. 거시적 전망을 갖게 해주는 것이 중요하다.

넷째, 후배에게 자신이 살아온 세월에 대해 하소연하지 말자. 아무리 진한 곰탕으로 풀어내봐야 꼰대의 넋두리란 소리밖에 못 듣는다. 한강의 소설 《채식주의자》에도 나오지 않는가. 고기가 건강에 좋다고 억지로 먹이려 한 것이 어떤 부작용을 빚었는지. 쌀밥에 고깃국

1장_"진지하게 그만두는 건데요."

은 이전 세대에겐 풍요로운 삶의 상징이었지만, 저탄고지(저탄수화물 고지방) 세대의 기호엔 맞지 않을 수 있다. 어차피 경험은 파편화돼 있고 관심사는 다 다르다. '나 이거 안다', '나 이렇게 살아왔다'는 이야기를 하고 싶다면 동호회에 가입하거나 SNS로 경험 배설 본능을 해결하자.

세대별 꼰대 대처법

	베이비부머 세대	X세대	MZ세대
꼰대 유형	핏대(샤우팅 꼰대)	갈대(사이 꼰대)	무시(쿨한 꼰대)
증상	무례	무능	무시
원인	자기 확증 편향	이중성, 추세 맞춤	우월의식(공감부족)
치유 방법	-말습관을 바꿔라. -공감하고 경청하라. -기회를 주어라.	-중심을 세워라. -이유를 충분히 설명하라. -하소연하지 마라.	-겸손을 키우라. -약점 부문을 학습하라.

우리가 남이가? vs. 남일까? vs. 남이다!

#에피소드_ 공과 사의 경계에서

선배세대 "주말에 뭐했어? (애인이 없을 경우) 젊은 사람이 데이트도 하고 그래야지. (애인이 있을 경우) 언제 결혼할 건가?"

MZ세대 "공과 사를 구별하란 것, 먼저 하신 말씀 아닌가요? 저는 회사에선 일 이야기만 하고 싶어요. 그리고 시시콜콜한 사생활 질문은 사절이에요."

과거에 조직에서 귀에 딱지가 앉도록 공과 사 구별을 강조한 이유는 그만큼 구별하기가 쉽지 않았기 때문이다. 요즘 MZ세대에게는 이 말을 구태여 강조할 필요가 없다. 이미 칼같이 공과 사를 구별하고 있기 때문이다(맥락에서 다소 차이가 있지만). 선배세대는 늘 "우리가 남이가?" 하고 선창하면 "아이다(아니다)." 할 때 뭔가 뜨거운 게 가슴에서 솟아오르곤 했다. "이게 술이가(술인가)?" 하면 "아이다(아니다), 정이다." 하면 말 그대로 술잔에 정이 담겼다.

사적인 정이 돈독할수록 일도 잘 된다는 게 386세대의 보편적 정서다. 40대의 긴 세대인 X세대의 정서는 복합적이다. 남이라고 생각하지만, 티는 못 내며 냉가슴만 앓는다. 반면에 MZ세대들은 "우리는 남이다!"라고 당당하게 말한다. 이들은 사적인 관심은 꺼달라고 깐깐하게 요청한다. 조직생활은 조직생활일 뿐, 사적인 생활과 구분하고 싶다는 것이다.

"너 아니면 내가 누구한테 말하겠어."

"사적 관심으로 관계의 다리를 놓아라." 기성세대가 조직생활에서 마르고 닳도록 들은 이야기다. 가정사나 주말에 있었던 일로 딱딱한 분위기를 풀어야 인간미가 있다고 생각했다. 집들이, 자녀의 돌잔치, 부모의 환갑, 초상까지 생애주기를 함께하며 챙겨준 사람들은 다름 아닌 직장상사였다. 직장동료 간에 친한 정도를 표현할 때 "그 집 숟가락 개수까지 다 안다."는 관용적 표현을 쓰는 것은 그 방증이다.

어느 건설회사 CEO는 임원 리더십 평가를 할 때 "직원의 관혼상제를 미리 파악하지 못하는 부서장은 부서장 자격이 없다."고 공언하며 인사고과에 반영할 정도였다. 전통 조직문화에서 직장상사는 공적인 지식뿐 아니라 사적으로도 다양한 지혜와 정보를 전수해주는 멘토 역할을 자임했다. 예전에 직장상사들의 과장 섞인 인생 경험담을 100% 곧이곧대로 듣다가 부작용이 나는 경우도 적지 않았다. 예컨대 갓 결혼을 한 직원에게 해주는 조언이 그 대표적 예였다.

"신혼 초반에 주도권을 잡아야지, 이 시기를 놓치면 평생 고생한다."는 호기로운 말을 하며 술을 거하게 먹여 늦게 귀가하도록 사주하는 것 등 말이다. 또는 같이 밤늦도록 술을 마시다 직장상사의 집에 찾아가 1박 하고 오는 실례 아닌 무례의 사고를 치는 것은 직장생활에서 일종의 통과의례였다.

사적으로 얽힌 정은 상사로서 힘든 지시를 할 때 윤활유로 작용했다. "힘들지만 어쩌겠냐? 너 아니면 내가 누구한테 말하겠어." 직장상사가 어려운 부탁을 할 때 하는 말로, 일이 꼬이면 관계로 푸는 것이 가능했다. 상대의 신상을 속속들이 알고, 일상을 오롯이 파악하고 있었던 덕분이다. '퇴근 후 딱 한 잔'이 '또 한 잔'을 부르며 새벽까지 이어지는 경우도 적지 않았다.

오지랖과 포용의 한끗 차이

요즘은 서로 신상도, 일상도 알기 어렵다. 일을 관계로 풀기는 더욱 어렵다. 사적인 관심을 표하는 것부터가 난항이다. 예전엔 산간벽지라도 먼 거리를 불사하고 조문을 가야 인간미가 있다고 보았지만 요즘 MZ세대는 과시형 친절이라며 오히려 불편해한다. 자신을 위한 것인지, 남에게 보여주기 위한 것인지 의심한다. 어느 대기업에선 '임원과 밀레니얼 직원과의 점심식사' 제도를 만들었다가 유야무야 폐지됐다. 임원들 요구가 아니라 직원들 요청 때문이었다.

불편하게 신경 쓰며 스테이크를 먹느니 혼자 먹어도 편의점 컵라면이 더 속 편하다는 이유였다. 함께 빵을 먹는 사이라는 뜻에서 유래한 'company(com+pany)'의 기원과는 달라져 끼니를 같이 먹지 않는

1장_"진지하게 그만두는 건데요."

사이가 돼버렸다. X세대 리더들이 저녁 회식 대신 활용하는 것이 점심 티타임이다. 이때를 틈타 마음을 열고 이야기하자는 것이다. 그런데도 밀레니얼 세대는 회식은커녕 점심시간도 각자 활용하고 싶다며 함께 먹지 않으려는 경우가 많다. 팀장에게 건의사항을 제출하라고 하면 "점심시간에 혼자 밥 먹게 해달라."는 내용이 압도적이다.

어느 IT기업에서 있었던 일이다. 점심시간 후 티타임에 40대 중반의 L부장이 30대 초반의 K대리에게 질문을 던졌다. "자네는 결혼 안 하나?" K대리는 "결혼 생각 없어요. 저는 고양이랑 살 거예요."라고 답했다. L부장은 무심코 "아, 사람이 사람이랑 살아야지. 고양이랑 살면 쓰나?" 여기서 갑자기 분위기가 전투 모드로 바뀌었다. 당사자인 K대리는 가만히 있는데 주변의 또래 직원들이 일제히 L부장에게 반박했다.

"우리는 결혼을 안 하는 게 아니라 못하는 거예요. 혼자 살기도 버거운데 어떻게 결혼해서 살 수 있겠어요?" 등등. L부장은 졸지에 개념 없는 꼰대 상사가 돼 어안이 벙벙해졌다. 자기 세대 같으면 상사가 배우자를 만난 이야기, 연애담, 이성을 만나 결혼으로 골인하는 법 등 재미있는 이야기로 마무리됐을 이야기가 이처럼 날카롭고 뾰족해져 파국으로 끝난 게 이해되지 않았다. 이후 그는 무슨 사적 이야기를 나눌지 고민됐다. 밥 먹을 때는 일 이야기도 하지 말라고 하지, 그렇다고 사적인 이야기를 하면 어떤 게 직원들의 심기를 건드릴지 종잡을 수 없었다.

L부장의 고민에 대해 어떤 느낌이 드는가? 이 사건에 대해 세대별로 반응을 물어봤다. 모두 분노를 표한 것은 공통적인데 그 대상과 이유가 달랐다. 정확히 세대 차였다. 50대 이상의 리더들은 "이런 버릇없는 경우가… 따끔하게 야단쳐야지."였다. 40대 이상은 "젊은 친구들과는 어울리지 않는 게 상책이다. 법인카드만 주고 되도록 말을 섞지 말라. 책잡힌다."며 고개를 저었다.

반면에 20, 30대 직원들은 "L부장이 사과해야 한다. 왜 공적인 데서 사적인 간섭을 하느냐?"는 등으로 갈렸다. 한마디로 리더들은 포용력을 발휘하고 싶은데, 직원들은 오지랖으로 받아들인다는 이야기다. 오지랖과 포용력, 그 한끗 차이는 애매하다. 과연 어떻게 사적인 대화의 연결고리를 마련할 것인가?

MZ세대는 가족관계나 사적인 이야기를 물어보는 것 자체가 권력이라고 말한다. "상사는 어떤 이야기를 해도 평가받지 않으니 마음대로 이야기할 수 있어요. 반면에 우리는 사적인 이야기가 평가에 어떤 영향을 줄지 모르니 대응에 조심스럽고, 그런 신경을 쓰는 것 자체가 피곤해 일단 사생활 이야기는 하고 싶지 않은 거예요."라고 말한다. 사적 대화의 수준에 정답은 없다. 서로 신뢰도, 친밀도가 얼마큼 쌓여 있느냐에 따라 그 수위와 범주가 달라진다.

'라이프'가 아니라 '라이프스타일'에 관심을

잡담, 어렵지만 포기하지 말자. 세대 차이 때문에 잡담, 비공식적 소통을 포기한다는 것은 어리석은 일이다. 잡담, 비공식적 소통은 여전히 중요하다. 단, 관계 형성의 방법을 아는 게 필요하다. 소통을 잘 하는 리더들은 결코 자신의 말로 하지 않는다. 상대의 말로 전달한다. 고양이를 대하면 고양이 언어로, 강아지를 대하면 강아지 언어로 말한다. 만일 외계인과 대화를 해야 한다면 외계인어로 해야 하지 않겠는가? 명심할 것은 사적 대화라고 해서 그냥 생각 없이 덤벙덤벙 던지지 말라는 것이다. 주제를 고려하고 배려하는 태도를 가지라. 상사와 수다를 떨 때 아무런 생각 없이 떠들지는 않을 것이다. 그 자세로 하면 크게 벗어나지 않는다.

첫째, 사적 대화는 신뢰관계와 비례한다. 혹자는 사적 대화를 아예 하지 말라고 하지만, 사적 대화가 관계를 좋게 하고 조직 몰입도를 향상시킨다. 또 MZ세대가 사적 대화를 싫어한다고 해서 무관심으로 일관하는 것도 바람직하지 않다. MZ세대는 인간관계에 민감하다. 자신이 신뢰하지 않는 사람과는 사적 대화를 아예 기피하는 경우가 많다. 그러나 이들 역시 신뢰하는 사람에게는 자신의 시간을 할애한다. 자신을 열어 보인다는 생각에 타인의 흉을 보는 경우가 있는데 이것 역시 바람직하지 않다.

둘째, 라이프보다 라이프스타일을 이야기하라. 알고 보면 세대 문제라기보다는 토픽 문제다. 선배세대는 사적인 대화, 즉 지난주에 무엇을 했고, 연애는 하고 있는지, 결혼은 언제 하는지, 아기는 언제 낳을 건지 등 사적 영역을 서로 알아야 친해진다고 생각한다. 반면 MZ세대는 그런 생각 자체가 의문이다. 그 외에도 친밀해질 수 있는 이야깃거리는 많다. 차라리 취미 이야기에 훨씬 매력을 느낀다. 이들은 일 이야기, 정치 이야기, 사생활 관심엔 철벽을 친다.

지인 K교수로부터 대학교 들어간 아들과 매일 1시간씩 대화를 나눈다는 이야기를 들었다. 멤버들이 모두들 놀라서 그 비결을 물었다. 그의 이야기를 들으니 노력 없는 결실은 없었다. 아들이 유럽 축구를 좋아하기 때문에 그에 맞췄다는 것. 선수들의 계보, 이력 등을 꿰뚫어 같이 토론할 수 있을 정도로 공부했다는 것이다. 아들이 밖에서 돌아오면 자연스레 축구를 같이 보며 축구 이야기를 나눴다. 아들이 영화 '어벤저스' 시리즈에 열광하기에 그 캐릭터의 계보, 파생을 다 공부해 비로소 같이 이야기할 수 있었다. 어차피 다른 시대, 문화를 경험했으니 자연스럽게 대화의 공통분모를 찾기는 힘들다. 아쉬운(?) 쪽이 공부하며 노력할 수밖에 없다.

H팀장은 MZ세대 직원들이 대화를 먼저 청하는 상사다. 그의 비결은 후배세대의 관심 주제로 이야기를 꺼내고, 또 물어보는 것이다. H팀장의 팀에 매번 작은 일에도 툴툴거리는 직원이 있었다. 그가 취한 방법은 직원의 취미를 파악한 것이었다. 알고 보니 반려견 기르기였다. 그와 이야기를 나눌 때는 강아지 예방접종 시기를 비롯해 관련 정보를 가지고 이야기를 나눴다. 그리고 강아지 이름을 기억해 생각날 때마다 안부를 물어보고, 반려견 정보를 공유하곤 했다.

6개월이 지나고 어떻게 됐을까? 팀원이 먼저 입을 열더란다. 일단 말문을 여는 게 필요하다. 직원 단톡방, 밴드 등을 활용하는 것도 방법이다. 유연근무제 등으로 근무 시간이 엇갈려 서로 만나는 시간이 부족한 경우에 특히 유용하다. S병원 Y팀장은 "단체 SNS라고 해서 일 이야기만 하면 삭막하다. 오늘 먹고 싶은 소울푸드 혹은 반려동물 자랑거리 공유 등 소소한 이야깃거리를 올리고 댓글을 다니 관계가 더 따뜻해지더라."고 말한다.

셋째, 화두는 던지되 정보를 요청하자. 화두가 너무 광범위하거나, 속이 들여다보이면 관심을 이어나가기 어렵다. 진정으로 호기심을 표할 때 그들은 말문을 연다. 조언이나 훈계를 하기보다 말하기와 듣기의 비중을 따져보라. "자식 같아서…" 당신 혼자 침 튀기며 제 흥에 겨워 말하고 있지는 않은가? 직원들이 당신에게 "부모님 같아서요." 하면서 마구 어리광을 부리며 들이댄다고 생각해보라. 전혀 자식 같지도, 귀엽지도 않을 것이다. 마찬가지다. 상사가 부모같이 구는 것 또한 이들은 바라지 않는다.

충고나 조언을 하지 말고 차라리 정보를 청하라. 요즘 뜨는 곳, 영화, 트렌드 등 이들이 잘 알 만한 것, 흥미로워할 것에 대해 정보를 요청해보라. "요즘 재미있는 것 뭐가 있나?", "요즘은 무슨 치킨이 맛있나?" 하는 식으로 트렌드 이야기를 나누는 것도 방법이다.

넷째, 거절할 수 있는 '쿠션 화법'을 사용하자. 선배와의 대화에 사전 철벽을 치는 것은 싫은 대화를 거부할 수 없기 때문이다. 질문은 상대를 존중하는 좋은 기술이다. 하지만 MZ세대는 질문의 권력 공학이라고 말하면서 '훅 들어오는 질문이야말로 최악의 공격적 소통 방식'이라고 반감을 표한다. "느그 아부지 뭐하시노?"도 그런 류다. 선배세대는 관심일 수 있지만 이들은 간섭이라며 마음의 빗장을 건다. 이를 예방하고 대화에 참여시키려면 '거절할 수 있는 권리'를 아예 처음부터 보장해줘야 한다.

예컨대 "이런 질문해도 될지 모르겠지만…", "싫으면 대답하지 않아도 돼." 식으로 사전에 쿠션을 놓아주자. 나도 모르게 공격적이거나 무례한 질문을 하는 것을 막고, 상대에 대한 배려심을 전달할 수 있다.

예의범절 vs. 무신경한 척 vs. 매너

#에피소드_예의와 매너의 차이는?

베이비부머 세대 "요즘 애들은 너무 예의가 없어. 회사 선배를 봐도 본체만체 인사도 안 하고…."

X세대 "인사하라고 말하면 꼰대 소리 들을까 봐 아예 관심 안 둬요. 인사를 하는지, 안 하는지 관찰하는 것부터가 신경 쓰이니까요."

MZ세대 "요즘 어른들은 매너가 없어요. 우대받으려고만 하고, 그만큼 대우해주진 않잖아요. 어른이 먼저 아는 척하면 안 되란 법 있나요?"

예의와 매너의 차이는? 예의가 수직적이라면 매너는 수평적이다. 예의는 윗사람이 아랫사람에게 지켜야 한다고 요구하는 의전이다. 반면에 매너는 세대, 상하, 남녀 상관없이 사회 전 계층에서 고루 통용되고 합의되는 기준이다. 예의를 지키지 않으면 버릇없다는 소리를 듣지만 매너에는 그런 감정적 불평의 찌꺼기가 존재하지 않는다. 모두가 똑같이 존중받아야 한다고 보는 관점에서 출발하기 때문이다. 현장에서 첨예하게 부딪히는 예의, 예절 문제는 인사에서 시작된다. 선배들은 "왜 요즘 젊은 직원들은 인사를 안 하지? 인사성이 사회성인데 말이야." 하고 불만을 표한다. '인사성 바른 사람이 일도 잘한다. 인사가 인상을 바꾸고, 인생까지도 바꾼다'고 논리를 확장한다.

MZ세대는 면접 준비를 할 때는 유치원생 같은 '배꼽인사'를 엉뚱하게 학습하곤, 막상 입사하고 나서는 석고상이 돼 뻣뻣한 허리를 과시하기 일쑤다. 이들은 나이가 어리고 직급이 낮다는 이유로 무조건 기존 질서를 받아들여야 한다는 사고는 폭력이라고까지 주장한다. 인사하지 않으면 고과에 나쁜 영향을 끼칠 것이라는 암묵적 협박이야말로 공과 사를 구분하지 않는 처사라고 입을 모은다.

물류업을 하는 50대 중반의 K사장 이야기다. 서울 인근에 있는 자사 물류창고를 방문하면 40대 차장은 반갑게 마중 나와서 인사를 하고 배웅까지 극진했다. 반면 30대 초반의 L사원은 고개 한 번 까딱하는 게 전부다. K사장은 무시당하는 기분마저 들어 창고를 방문할 때마다 그 직원을 어떻게 대해야 할지 주차장에서부터 고민할 정도였다. 자신도 신입사원이던 시절, 사장이 들어서면 전 직원이 파도타기를 하듯 일어서서 인사하는 것이 좀 지나치다고 생각했기 때문이다.

가끔 방문하는 사장에게 동네 강아지가 들고 나는 것보다도 무관심한 것은 당당함이 아니라 무례함이 아닌가? 먼저 다가가 어깨를 두드리면서 격려하는 식으로 아는 척할까? 신경 쓰지 말고 내 할 일만 하고는 조용히 사라지는 게 좋을까? 차장에게 직원교육 제대로 시키라고 할까? 전 직원 대상으로 사내 예절교육을 시킬까?

K사장은 이런 데 신경을 곤두세우는 자신이 쪼잔하게 느껴졌고 자책감도 들었다. 왠지 회사 분위기가 너무 건조해지고 헛헛해진 것 같았다. 지나치게 엉기는 것도 문제지만, '일만 하면 된다'는 생각, '선배에게 열심히 인사하는 것을 굴종'이라 여기는 것도 좋아 보이지는 않았다. 비정상의 정상화인지, 정상의 비정상화인지 헷갈린다. 확신이 있으면 설득하겠는데 이들에게 맞받아 설득시키려니 자신감도, 에너지도, 논거도 부족하다. 그냥 냉가슴 앓는 수밖에.

밀레니얼 L사원의 마음은 전혀 다르다. 인사성이 업무 능력과 연관된다는 것 자체에 의문을 제기한다. '인사'를 통한 인성 평가만큼 구태의연한 게 없다고 본다. 인사가 그렇게 중요하면 상사가 먼저 하면 되는 것 아닌가? 모르는 사람에게도 무조건 인사하라고 하지만 그게 얼마나 어색한 일인가. 더구나 인사했는데 상대가 받아주지 않으면 무안하고 민망하다. 그런 일을 몇 번 당하고 나면 인사하기 싫어진다.

'어디 한번 나를 잘 모셔봐' 하는 의도가 뻔히 보이는 선배는 더 싫다. 예의가 권위고, 인사가 굴종 서약처럼 느껴져서다. 얼굴도 모르고 이름도 모르는데 무조건 인사부터 잘하라니 황당하다. 더 나아가 살아남기 위해 윗사람과 다수의 압력에 굴복해야 한다는 생각은 정말이지 진저리가 난다.

예의와 매너, 그 세대 차이의 간극을 한 번에 해결할 묘수는 없다. 서로 굳어진 사고방식과 생활방식, 문화적 경험도 다르다. 단 서로 어떤 생각을 하는지, 관점과 시각을 이해하면 "도저히 모르겠다.

말을 섞기도 싫다."는 식의 거부는 피할 수 있다.

서로 인사하면 관계가 부드러워진다는 데는 선배세대, 후배세대 모두 의견을 같이 한다. 꼭 후배가 인사해야 하는 법이 어디 있느냐, 먼저 본 사람이 인사하자는 논리도 수용할 만하다. 후배의 인사성 말고 선배의 인사성도 필요하다는 문제 제기는 편안하진 않지만 가슴 뜨끔한 지적이다.

"요즘 애들은 개념이 없어."

과연 기성세대가 버릇없다고 말하는 요즘 젊은이에 대한 지적은 타당할까? 민낯으로 지하철에 탄 20대 여성은 자리에 앉자마자 가방에서 화장품 파우치를 꺼내더니 파운데이션부터 시작해 색조화장까지 메이크업을 완벽하게 마쳤다. 못마땅해 하는 주위의 시선은 아랑곳하지 않고 마스카라까지 빼놓지 않는다. 기성세대는 공공장소를 자기 방처럼 생각하는 요즘 애들이 마땅찮고, MZ세대는 피해 안 주고 조용히 자기 할 일 하는 게 무슨 문제냐며 항변한다.

함께 살아가는 곳에는 공(公, public)과 공(共, common)이 공존하고, 이 중 어느 것이 우선인가를 두고 세대 간 입장이 갈린다. 기성세대가 퍼블릭을 중시한다면, MZ세대는 커먼의 공유를 앞세운다. 퍼블릭을 강조하면 '공개된 장소'라는 점이 중요하지만, 커먼을 강조하면 '함께 사용하는 장소'가 더 중요하다. 남에게 피해를 주지 않고 남의 영역을 침범하지 않는다면 MZ세대는 자신들의 권리와 영역이 최대한 보장돼야 한다고 생각한다.

"요즘 애들은 예절이 없어."

20대 청년 앞에 나이든 노인이 서 있다. 그는 화난 표정을 짓다가 마침내 못 참고 자리를 비키라고 소리를 버럭 질렀다. 기성세대는 요즘 애들은 자는 척도 안 하고, 두 눈 똑바로 뜨고 스마트폰만 보고 있으니 기가 차다고 한다. MZ세대는 항변한다. 젊은이들도 시험 공부하느라 전날 밤새웠을 수도 있고, 개인적인 속상한 일로 지쳤을 수도 있다. 그나마 친절하게 말하면 다행인데, 마치 자기 것을 돌려받는 것처럼 자리를 내놓으라며 강요하는 어른들에게 화가 난다.

전통사회에서의 예절, 노인에 대한 양보는 '장유유서', 즉 어른에 대한 권위 존중이었다면 지금은 '마이너리티minority', 즉 소수에 대한 존중 혹은 '폴리티컬 코렉트니스political correctness', 즉 정치적 올바름으로 이동했다. 동정심이나 공감능력이 떨어졌다기보다 건강한 노인들은 약자가 아니므로 양보할 이유가 없다고 보는 것이다. '노인=약자'란 등식에 동의하지 않을 뿐이다. 양보는 의무가 아니라 권리이므로 노인이라고 무조건 양보할 필요는 없다고 생각한다.

"요즘 애들은 도전의식이 없어."

중소기업 K사장은 평소에 능력 있다고 생각한 P를 파격 승진시켜 팀장으로 발령했다. 당연히 기뻐하고 감사할 줄 알았는데 승진을 사양한다는 장문의 메일이 왔다. 사장의 입장에서는 도전정신이 없는 것인지, 야망조차 없는 것인지 황당하다. 사실 P는 '권한은 없고 책임만 많은' 다른 팀장들을 보면서 결심했다. 승진해봐야 월급은 쥐꼬리만큼 오르는데 일이 엄청 많아지니 차라리 승진을 늦게 하겠다고 말이다. 승진을 사양한 진짜 이유는 2가지로 압축된다.

첫째, 승진이 경력에 별 도움이 안 된다고 생각한다. 예전의 리더는 권한이 책임보다 많았다. 요즘의 리더들은 반대다. 때문에 리더의 자리를 부담스러워하는 구성원도 많다. 예전엔 선공후사지만 요즘은 선사후공이다. 무조건 도전의식이 없다고 탓하기보다 도전의식을 발휘할 환경인지 고려해볼 필요가 있다. 경력트랙을 스스로 설계하게 하는 것도 방법이다. 요컨대 전문가 트랙과 관리자 트랙을 함께 두는 것이다.

업무 역량이 뛰어나다고 해서 모두 관리자가 되길 바라는 것은 아니다. MZ세대는 불안한 노동시장에서 자기만의 콘텐츠를 갖는 것, 실력을 몸에 칩처럼 장착하는 것만이 살길이라고 생각한다. 제너럴리스트인 관리직보다는 프로로서 스페셜리스트가 되고 싶어 한다. 지위나 연봉 같은 외적인 것보다는 자기 자신에게 충실한 게 더 중요하다.

둘째, 팀장이 되어보고는 싶은데 실패에 대한 두려움이 커서 사양하는 경우다. 선배세대는 일단 몸으로 부딪히고 보는 '맨땅에 헤딩하기'에 익숙하다. MZ세대는 불안과 두려움이 기본값이다. 해보지 않은 일, 가보지 않은 길에 대한 도전은 두렵다. 이력에 실패를 남기고 싶지 않다는 이 막연한 두려움은 의외로 강력하다. 해보지 않은 일에 두려움을 느끼는 것은 지극히 정상적이란 것을 알려줄 필요가 있다.

성공담을 자랑하기보다 "나도 처음 팀장 맡았을 때 자신감 없고 떨렸는데 이렇게 나름 잘하고 있잖아." 하며 안정감을 주자.

"요즘 애들은 주제파악을 못해."

후배세대는 자리와 승진에는 욕심을 내는 경우가 적지만 프로젝트에 대해선 자신의 능력보다 과도한 욕심을 표하는 경우가 있다. 선배세대는 "시키는 일이나 잘하지, 근자감(근거 없는 자신감)만 앞서서는 크고 생색나는 일만 하겠다고 나서니 당황스럽다 못해 황당하다."고 토로한다. 반면 후배세대는 잡스러운 일 말고 성과로 인정받을 만한 중요한 일 한번 시켜준 적이 있냐고 되묻는다. 선배는 처음부터 선배였냐고, 일은 하면서 배우는 것 아니냐고.

선배들에게는 경력에 대한 과잉욕심으로 비친다. MZ세대로선 일에 대한 열정이다. 이들에게 신뢰를 표현하는 최고의 방법은 경력 향상을 위한 '기회 제공'이다. 정 안심이 안 된다면 교육 기회를 주는 것도 방법이다.

이런 이야기를 하면 선배들은 2가지 걱정을 한다. 성공할 경우엔 걱정이 없지만 실패할 경우 첫째는 조직의 실패 비용, 둘째는 후배의 좌절이다. 무조건 겁을 주거나 '크게 망해봐야 정신 차리지' 하고 방관하는 것 모두 바람직하지 않다. 일단 작은 것이라도 기회를 줘보는 것으로 신뢰를 표현하자. 이력서에 한 줄 써도 될 만한 비중 있는 일을 조금씩이라도 주는 게 가장 큰 신뢰 표현이다.

일중독 vs. 야누스 vs. 제로섬

#에피소드_멸종된 회사어, 상사와 부하

베이비부머 세대 "상사가 시키면 부하직원들이 일사불란하게 움직여야지! 매사에 본인 생각대로 '아니오'라니, 그래서야 회사가 제대로 돌아가겠나?"

X세대 "요즘은 상사보다 부하 상전이 더 힘들어요. 껄끄러운 지적이라도 한마디하려면 사흘은 고민해요. 어떻게 이야기를 꺼내야 할지…."

MZ세대 "본인이 상사란 생각부터가 잘못 아닌가요? 한 회사에서 함께 일하는 직장동료지, 위아래가 어디 있어요?"

관리자들이 무심코 사용한 '상사'라는 용어에 갓 입사한 직원이 알레르기 반응을 보이며 "제가 왜 부하죠? 저는 이 회사의 구성원인데요."라고 대놓고 지적해 당황스러웠다는 이야기가 심심찮게 들린다. 눈치를 살피고, 어깨너머로 일을 배우라고 하면 "제가 무슨 점쟁이인가요? 마음을 알아맞히라고 하지 말고 원하는 것을 콕 짚어 말씀하세요." 한다. 요즘은 다면평가를 도입한 조직이 많아서, 리더만 구성원을 평가하는 것이 아니라 구성원도 리더를 상향평가 한다. 리더들이 그 결과를 보게 되는 날에는 마음속에서 곡소리가 절로 난다. '아니, 내가 얼마나 잘해줬는데…. 내 마음을 이렇게 몰라줄 수가!'

상처받아 외로이 떠도는 킬리만자로의 표범이 되었다가, 누가 나를 이렇게 음해했는가를 색출하는 하이에나가 되었다가 고통의 심연을 헤맨다. 상사보다 더 힘든 게 '부하 상전'이라고 생각하지만 후배들은 여전히 상사 때문에 힘들다고 고충을 토로한다. 세면 세서 문제고, 약하면 약해서 싫단다. 그래서 어쩌라고?

상사란 멸종 위기에 처한 종족이 아닌가? 회사어 사전에선 사어死語 편에 오를 것 같은데 아직도 상사 때문에 힘들다는 이야기가 나온다. 선배세대는 '꼰대질'이나 좀 해보고 그런 소리를 들으면 덜 억울하겠다고 토로한다. 그럼에도 짝사랑의 상사병相思病이 아닌 상사 때문에 걸리는 상사병上司病을 앓는다고 한다. 요즘의 상사병은 예전의 상사병과 그 양상이 다르다.

모질게 굴어 기를 꺾는 것도 상사병이지만, 비전을 꺾는 것도 상사병이다. 그런가 하면 상사들은 후배들과 어떻게든 말을 섞으려고 하는 상전병을 앓는다. 지적질은 고사하고, 식사 자리 한 번 마련하려 해도 쌩하기 일쑤다. 선배세대는 늘 소통이 아쉽지만 후배세대는 전혀 아쉽지 않다. 선배들은 열심히 일해온 것을 인정받고 존경받을 줄 알았는데 '사축'이라며 무시당할 때 헛살았다는 생각이 든다. '나중에 꼭 너 같은 후배 만나보라'며 마음속 주문을 구시렁거리는 게 고작이다.

30대 후반의 B는 연봉 1억 원의 다국적 컨설팅 회사의 컨설턴트 자리를 박차고 나와 직장인을 대상으로 한 자기계발 커뮤니티를 운영하고 있다. 예전의 수입보다 반절 이상 깎였음은 물론이다. 뛰쳐나온 이유를 물어보니 이렇게 답했다.

"제 직속상사는 저의 10년 후 모습이잖아요? 10년 후에 제가 저렇게 된다는 것이 생각만 해도 끔찍했어요. 무릎 나온 바지에 늘 충혈된 눈, 회사에 전전긍긍해서 사는 모습, 자기 생활이라곤 없이 일밖에 모르는 사축이 되긴 싫었어요."

"누구를 위해, 무엇을 위해 일하는가?" 워라밸 시대에 일이 전부인 일중독 세대와, 함께 잘해보려다 가랑이 찢어지는 양다리 세대, 자기 삶이 최우선인 MZ세대가 어우러져 함께 던지는 질문이다. 번아웃으로 얼룩진 과로사회도 문제지만, '주말만 목 빠지게 기다리는' 하류지향 과소사회 역시 문제다. 상사병에도, 상전병에도 걸리지 않고 평화롭게 살 방법은 없을까?

"열정 같은 소리하고 있네."란 비판 듣지 않으려면?

일중독과 몰입의 차이는? 속도를 자기 뜻대로 조절할 수 있느냐 없느냐. 일중독 유형은 브레이크 없는 벤츠와 같다. 이들의 함정은 성과만 강조하다 보니 직원들에게 전이 현상을 일으킨다는 점이다. 조직은 성과에 죽고 살며, '숫자가 인격'인 곳이다. 그런 '일 중심형 사고'가 과연 성과를 꾸준히 창출해왔는가? 결론부터 말하면 '아니오'다. 예전엔 사람을 통해 일을 성장시킨다고 했지만, 요즘은 일을 통해 사람을 성장시킨다는 것으로 개념이 바뀌었다.

스탠퍼드대 경영대학원 제프리 페퍼Jeffrey Pfeffer 교수는 "직원 한 사람을 신규 채용하는 데 드는 비용은 연봉의 1~2배(일본 사라토가 연구소의 조사에선 1.5배)"라고 지적한다. 즉 잦은 이직에 따르는 신규 채용, 교육 비용을 생각하면 '직원 이탈 방지'를 위한 워라밸 추구는 구호와 기치를 넘어선 구체적 수치 면에서도 생산적이다.

뿐만 아니라 업무 집중을 방해하는 요소들을 제거함으로써 일에 대한 몰입도를 높일 수 있다. 직원들의 복지와 사기 향상에 도움이 되고, 생산성 향상으로 매출이 증가하기 때문이다. 실제로 포드 자동차는 워라밸 균형 프로그램을 도입한 지 4개월 만에 580만 달러의 비용을 절감하고 70만 달러의 수익을 창출했다.

시대에 따라 이상적인 리더십의 유형이 바뀐다. 요즘 시대에 가장 적합한 유형은 카리스마 있는 리더보다 직원들의 감정을 공감해주는 리더다. 정말 일 잘하는 리더는 여유 시간에 직원들을 감시하는 것이 아니라 직원들이 일에 몰두할 수 있는 환경을 연구한다. 또 직원들이 번아웃에 시달리지 않게 하려면 동기들 간의 유대를 쌓는 친목 모임 등을 가질 기회를 마련해주자.

리더 본인이 이 모임에서 빠지는 것은 필수다. 경제적 지원은 아니더라도 스케줄을 맞출 수 있도록 조정만 해주어도 충분하다. 예전이나 지금이나 여전히 효력을 발휘하는 것은 동료의 힘이다. 회사를 그만두지 않고 버틸 힘을 주는 것은 '바라만 봐도 힘이 되는' 마음 맞는 동료다.

열정과 열심의 기대치를 낮추자. 조직에서 모든 사람이 야심을 가질 수도, 가질 필요도 없다는 현실을 받아들이자. 과거에도 성공하는 이는 소수였는데 저성장기인 오늘날 그 숫자는 더 적어졌다. 성공을 지향하고, 승진과 보상에 목매는 야심만만한 사람만으로 100% 채워져 있는 것보다는 욜로('인생은 한 번뿐이다'를 뜻하는 'You Only Live Once'의 줄임말)족이 함께 있는 조직이 낫다고 편안하게 마음을 먹자. 바람직한 것은 '직업 소명'이지만 모두가 다 그럴 수는 없다. 일을 '생계'로만 삼는 유형도 있다는 것을 이해하자. 다만 '소명'과 '생계'는 보상과 인정이 다를 수밖에 없다는 점을 미리 이야기해줄 필요가 있다.

진정한 워라밸은 시간의 평균이 아니라 일을 통한 존중

MZ세대가 고충을 토로하는 상사 유형도 트렌드가 있다. 예전엔 '강압형'에 대한 불만이 많았지만 요즘은 '무능형'에 불만이 더 많다. 열정과 충정을 실컷 이야기하다 식사 후 잡담할 땐 "노후 대비 겸 부업으로 프리미엄 독서실 차리는 것을 알아보러 다닌다."는 이야기를 하면 MZ세대는 '끊어진 사다리'를 보는 기분이 든다고 말한다.

앞의 일중독 형은 롤모델이라도 되지만, 이런 야누스 형은 이중성에 실망스럽기만 하다. 차라리 열정 이야기는 처음부터 꺼내지 않는 게 낫다. 능력 있는 어른이 되자. 어른에도, 꼰대에도 등급이 있다. 어른이라고 다 같은 어른이 아니고, 꼰대라고 다 같은 꼰대가 아니다. MZ세대가 매긴 어른, 꼰대의 등급은 다음과 같다.

유능한 어른 > 유능한 꼰대 > 무능한 어른 > 무능한 꼰대

여기서 눈여겨볼 것은 MZ세대는 무능한 어른보다는 유능한 꼰대를 우위에 둔다는 점이다. '상대에게 도움 되는 해결책을 제시하는가?' 그것이 무능과 유능을 가른다. 이들에게 유능은 뜬구름 잡는 이야기나 깜냥도 안 되는 포부가 아니라 '실행에 옮길 수 있는 해결책'이다. MZ세대의 마음속엔 '내가 이 회사를 계속 다니면 내 미래는 어떻게 되지?' 하는 질문이 항상 내재해 있다. 리더에게 가장 기대하는 것은 자신들의 갈 길, 룰rule과 롤role을 가르쳐달라는 바람이다. 원 포인트 레슨을 해줄 정도의 업무력을 갖춘 데다 공감력도 높다면 그가 바로 유능한 어른이다.

유능한 꼰대는 공감력은 부족하지만 문제의 포인트를 잘 짚어서 해결책을 제시해주는 선배다. 반면 무능한 어른은 공감력은 만발하는데 해결책을 전혀 제시하지 못하는 경우, 무능한 꼰대는 지적질만 하고 공감도 못하는 최악의 경우다. 어디서든 유능한 어른은 환영받게 마련이다. 경력과 자기성장을 중시하는 밀레니얼 직원들이 문제 삼는 것은 능력 없는 꼰대다.

'일과 삶'은 어떤 의미인가?

	베이비부머 세대	X세대	MZ세대
고사성어	견마지로	노심초사	유아독존
일과 삶 상징	기울어진 지렛대	저글링	저울
전제	일중독(중심)	양다리, 평균의 함정	제로섬 게임
인물형	열사, 전사	소시민	방외인

집단주의 vs. 개인주의 vs. 실용주의

#에피소드_일 다 끝내고 칼퇴하려는 직원에게

선배세대 "자기 일 다 끝냈으면 남아서 동료 일 좀 도와주지 그래?"

MZ세대 "제가 왜요? 제 일 아닌데요? 일을 빨리 끝낸 사람에게 일을 더 주면 그건 조직에 구조적인 문제가 있는 것 아닌가요?"

강연에서 개인주의, 집단주의를 설명할 때, 수강자들에게 '깍두기'를 아느냐'고 물으면 재밌는 답변이 많이 나온다. 보통 1970년대에 태어난 X세대까진 기억하고, 그 이후 밀레니얼 세대는 김치 깍두기만 알고 놀이의 깍두기는 거의 모른다.

깍두기는 자신의 팀에 넣으면 손해가 될 수 있는 어리바리한 사람을 뜻한다. 예전에 아이들이 놀 때는 '깍두기의 법칙'이란 게 있어서 나이가 어린 동생들도 잉여 멤버로 끼워 같이 놀 수 있었다. 상대편이 한두 명 더 많아도 문제 삼지 않고 같이 놀았다.

우리나라에 '왕따'란 단어가 처음 등장한 것은 1990년대 초다.

1998년도엔 학교 내 왕따 문제가 국회에서 논의될 정도로 사회문제가 됐다. 우리나라 유년기 놀이문화에서 깍두기가 사라진 것 역시 1990년대 후반이다. 우연찮게도 왕따가 본격 사회문제가 된 시기와 거의 일치한다. 바로 밀레니얼 세대가 유소년기를 보낸 때다.

IT기업에서 일하는 40대 중반의 O팀장은 '어린 시절, 동네에서 친구들과 다방구나 피구를 할 땐 꼭 깍두기를 하는 친구가 있었다'고 추억한다. "깍두기, 요즘 말로 하자면 비정규 멤버라고 할 수 있겠네요. 출발은 뒤처지더라도 놀다 보면 하나가 됐어요. 놀이에서 죽으면 서로 구해주려고 하면서 모두가 한 팀이 되었지요. 지청구를 할망정 아예 처음부터 왕따를 시키진 않았어요."

성장기의 놀이문화는 그 사람의 인격을 결정한다. 그런 점에서 밀레니얼 세대는 불행하다. 경제적으론 풍요로웠을지 모르지만 놀이문화에선 궁핍했다. 어려서부터 부모와 학교로부터 통제당하고 놀아야 할 시간을 미뤄둔 채 늘 다람쥐 쳇바퀴 돌듯이 학원을 순례했다. 이들은 일찍부터 불안한 미래에 대비하기 위해 쉼 없이 스펙 쌓기 경쟁에 매달렸다.

밀레니얼 세대가 이기적이란 평을 듣는 것도 사회 전체적인 담론보다 자신들의 불이익과 관련된 이슈에 예민하게 반응하기 때문이다. 내가 투입한 노력에 비해 덜 얻은 것에 대해서만 민감한 것이 아니다. 나보다 덜 노력한 누군가가 지금 내 위치에 오르는 것도 불공정하다고 문제 제기한다. 이들 세대는 갑질을 적대시하는 것 못지않게 노력을 덜 들이고 결실을 거두려는 것에도 분노한다. 한마디로 '날로 먹으려' 하는 '을질'도 불온시한다.

"날로 먹으려 하는 꼴은 절대 못 봐!"

기성세대는 청년들의 피가 뜨겁지 않다고 비판한다. 사회가 돌아가는 것에 무관심하다고도 지적한다. 왜 목소리를 내지 않느냐, 왜 개인의 이익 등 작은 일에만 분노하느냐며 핀잔을 주기도 한다. 자신들은 민주화를 위해 짱돌을 들었는데 왜 취업과 공시(공무원 시험)에만 목을 매냐며 혀를 차기도 한다.

기성세대는 이른바 '흑묘백묘론(검은 고양이든 흰 고양이든 일단 쥐를 잡으면 유용하다)' 식으로 수적 세 불리기의 결집력이 우선이었다. 반면에 이들은 정체성 강화를 통한 소규모 응집력을 더 중시한다. 노력에 따라 층층의 위계를 구분하는 게 정의라고 생각한다. 드라마 〈미생〉에서 대기업 인턴이었으나 정식 채용에 실패하고 다른 작은 기업에 취직하게 된 상현이, 검정고시 출신으로 여러 대졸 인턴을 제치고 계약직 사원이 된 장그래를 평하는 대사는 이 같은 의식을 보여준다.

"장그래가 '우리'라고 생각해요? 아니죠. 우리가 걔랑 어떻게 공평한 기회를 나눠요? 울 엄마가 나 학원 보내고 과외 붙이느라 쓴 돈이 얼만데! 이건 역차별이라고요. 나도 좀 놀 걸. 중고등학교 때 밤 12시 전에 자본 적이 없다고요. 초딩 때요? 학원만 몇 개를 돌았게요! 대학 때는 어학연수…. 근데 이게 뭐야? 그거 알아요? 우리가 우리로 계속 남으려면 대기업에 가야 해요."

386세대는 불평등 문제를 벽 허물기를 통해 바꿔보려 했다. X세대는 벽의 존재를 애써 부인했다. 반면 이들은 벽 쌓기를 통해 내 것을 지키고자 한다. 세대마다 다른 개인주의와 집단주의의 의미도 다르다. 그 근본적인 배경을 살펴보자.

개인주의는 이기주의인가? 반反 권위주의인가?

베이비부머 세대 후기인 386세대는 뼛속까지 집단주의였다. 현재 밀레니얼 세대 고졸자의 대학 진학률은 80%지만 1980년대엔 30%대에 불과했다. 386세대 때 대학생은 선망의 대상이고 엘리트로서 대접받는 존재였다. 선민의식과 시대책무를 당연시했다.

386세대 모두가 운동권은 아니었더라도 민주화 운동에 참여하지 못한 학생들은 부채 의식을 마음속에 갖고 있었다. 어떤 의미에서 범汎민주화 세력이라 할 만하다. 집단의식을 공유한 이들 세대가 '전체의 권익보다 개인의 이익을 우선시하는' 밀레니얼의 개인주의를 이기주의와 동일시할 수밖에 없는 이유다.

X세대는 386세대의 운동권 논리가 부담스럽고 거북스러웠다. 이들은 이전 세대의 집단주의를 전체주의와 동일시한다. 늘 집단과 대의명분을 우선시하고, 개인의 행복이 뒤로 밀리는 게 비합리적이라고 생각했다. 민주주의를 앞세우면서도 개인의 삶이나 조직운영은 비민주적인 선배세대에 대해 은근히 냉소적이었다. X세대는 개인주의를 내세운 첫 세대다. 이들에게 개인주의란 이기주의라기보다 집

단주의, 권위주의에 상대되는 개념이었다. 집단과 개인이 충돌할 때 개인의 자율성을 우선시하는 자유주의적 신념이 강했다.

386세대의 사회운동이 '민주주의, 반독재'에 집중하고 그 저항방식도 '시위, 위장 노동을 통한 하방下方운동'이었던 데 비해, 이들은 '자유롭고 풍요로운 삶'을 추구한다. 안티 386으로서 자유주의와 개인주의를 추구했지만, 이들의 유전자에도 집단주의가 은연중에 내재되어 있다. '국민학교'에서 국민교육헌장을 달달 외운 마지막 세대가 이들이다.

교실마다 붙어 있던 국민교육헌장은 "우리는 민족중흥의 역사적 사명을 띠고 이 땅에 태어났다."로 시작한다. 국가 중심의 권위주의적인 사회문화에 대해 거부감도 느끼지만, 동시에 자신이 속한 공동체에 기여해야 한다는 책임감을 은연중에 갖고 있다. 이들의 개인주의는 새로운 명제를 지향하기보다 참견과 간섭으로부터 벗어나려는 성격이 강하다. X세대의 개인주의는 반 권위와 개인의 독립을 원하는 성격이 짙다.

을의 부당함에도 반발

밀레니얼의 개인주의는 X세대와 차이가 있다. 이들의 개인주의는 반 권위라기보다 내 이익을 침범당하면 가만두지 않겠다는 자기방어와 수호의 성격이 강하다. 이들은 '노력의 검증' 과정을 거치지 않은 사람들에게 냉정하다. '공정한 경쟁'에서 승리를 쟁취할 것을 요구한다. 밀레니얼이 통과해온 사회·문화적 배경과 연관이 있다.

이들은 갑의 불의에도 분노하지만 을의 부당함에도 문제를 제기한다. 비정규직의 정규직 전환에 대해 불편한 시선을 드러낸 것도 이들이었다. 취업하기 위해 열심히 노력한 이들에 대한 역차별이란 이야기다. 경우에 따라서는 우월의식까지 작용하며 보이지 않는 서열화로 발전된다. 골품제처럼 위계를 층층 구분하려는 행태는 자신의 상대적 위치를 강화하고자 하는 노력이다. 자신의 위상을 강화하고자 같은 집단 내에서도 계속 서열을 나누고 분화에 분화를 거듭한다. 경쟁에 내몰린 이들은 벽 깨기보다 벽 쌓기로 문제를 해결한다.

당장 조직에 영향을 끼치는 것은 경쟁과 협업의 조화다. 밀레니얼 세대는 팀플(팀 공동 프로젝트)과 협업을 일찍부터 경험한 세대다. 큰 프로젝트를 개인이 혼자 수행하기 힘들지만 집단이 나눠서 하면 보다 쉽게 할 수 있다는 시너지 효과를 잘 알고 있다. 그러나 이들에게 팀플 과제가 떨어지면 제일 먼저 관심을 갖는 일은 "일 못하는 친구를 어떻게 배제하고 불이익을 줄 것인가?"이다.

대학에서 강의할 때 한 번은 팀플로, 한 번은 개인 지필고사로 평가했다. 지필고사는 그렇지 않은데 팀플 평가 이후엔 내부 제보와 문의가 빗발치곤 했다. 가령 이런 식이다. "A는 열심히 하지 않았는데 왜 팀 점수를 똑같이 받나요? 열심히 하지 않은 그 친구와 열심히 한 제가 같은 팀이란 이유로 같은 점수를 받는 것은 불공정합니다." 자기가 덜 받은 게 문제가 아니라, 덜 노력한 사람이 더 받은 것이 부당하다는 것이다. 이는 학교 밖 취미활동에서도 다르지 않다.

1장_"진지하게 그만두는 건데요."

권투도장에 다니고 있는 45세의 J 이야기다.

"처음에 권투를 배우러 가 얼마 안 됐을 때 밀레니얼 세대 친구들에게 스파링 상대를 청했어요. 모두들 석연찮게 거절하는데 그 이유를 몰랐어요. 알고 보니 '자신보다 못하는 사람과 연습하면 실력이 떨어진다'는 나름의 타산 때문이었어요. 나를 거절하고는 금방 다른 사람과 시합하는 걸 보면서 깨달았지요." 그래서 그냥 혼자 연습했냐는 질문에 그는 이렇게 답했다.

"나중에 함께 치킨을 먹거나 대회 끝나고 가진 뒤풀이자리에서 넌지시 실력 없는 사람과 연습하는 것의 이점을 이야기해주었지요. 당장 기량을 넘어 몸 단련, 판세 읽기 등 다른 면에서 실력이 는다고요. 물론 그것을 모든 친구들이 이해하는 것은 아니었지만, 적어도 스파링 파트너를 구할 수는 있었어요. 하하."

취업 후에도 양상은 비슷하다. 옆자리 동료의 일을 막연히 도와주라고 하면 "제 일 아닌데요?"라며 정색하는 경우가 많다. 동료란 어떤 존재인가를 생각하며 서로 돕고 살면 좋지 않으냐고 말하고 싶겠지만 밀레니얼 직원의 변은 이렇다. "일 잘하는 사람에게 일이 너무 몰리는 것은 조직의 문제 아닌가요?" 일을 효율적으로 잘하면 혜택은커녕 일이 추가되기만 하니, 아예 일을 늦게 끝내는 시늉을 하게 된다고도 한다.

그렇게 되면 협업이 오히려 번아웃을 불러온다. 팀 성과평가가 늘어나면서 예전의 깍두기 같은 존재는 포용의 대상이 아니라, 배제와 왕따의 대상이 될 수밖에 없다. 밀레니얼 세대 직원 M은 말한다. "겉으로 협업하라고 하지만 조직의 기본 시스템이나 내부 평가방식은 모두 경쟁 중심이에요. 그러니 우리가 날카롭지 않을 수 있나요?”

좀 도와주라고, 협업하라고 훈계하기보다는 협업이 원활하게 이루어지는 시스템과 평가방식을 구축하는 게 먼저다. 또 혼자 해나가는 것도 중요하지만 힘들 때는 주위에 도움을 요청하는 법을 일러주는 것도 필요하다. 함께 가야 멀리 간다는 평가체제가 뒷받침될 때 진정성을 발휘한다. 그러다 보니 선배와 후배가 함께 일하는 ‘협업’에 대한 개념도 완전히 다르다. 선배세대에게 협업이란 바로 옆에서 동고동락하며 일하는 것을 떠올린다. MZ세대는 프로젝트를 공유하고 필요할 때 온라인으로 교류하는 것을 협업이라고 생각한다. 처음부터 흩어져 일하고 나중에 합치는 방식이다.

기성세대에게 집단의 개념이 정情으로 뭉친 ‘공동운명체’라면, 밀레니얼에게는 역할과 목적, 문화에 따라 이합집산하는 전략적 제휴, ‘약한 연대의 부족部族’이다. 함께 노동요 부르며 모내기를 하지 않더라도, 각자 에어팟 꽂고 할 일을 한 후 성과를 공평하게 나누기만 하면 된다는 뜻이다. 이들은 협업에서 필요한 기본 조건이 끈끈한 연대의식보다 분명한 계약과 규칙이라고 생각한다. 그런 의미에서 선배세대의 ‘이너서클’은 끈끈한 네트워크가 지표지만 이들에게 ‘인싸(‘인사이더’라는 뜻으로, 각종 행사나 모임에 적극적으로 참여하면서 사람들과 잘 어울려 지내는 사람을 이르는 말. 인사이더를 세게 발음하면서 다소 변형한 형태로 표기한 것)’는 누구와도 어울릴 수 있는 넓은 확장력이 지표다.

센 세대, 낀 세대, 신세대, 3세대 공존의 기술

#에피소드_건배사

베이비부머 세대 "건배사는 리더십이야. 한 방에 분위기를 끌어올려주는 기발한 건배사 없나?"

X세대 "'위하여' 같은 무난한 건배사로 통일하시죠."

MZ세대 "어떻게 건배사를 매번 다르게 해요? 의무적으로 하는 건배사는 정말 스트레스예요."

회식 자리에서 건배사를 요구받는다면 어떤가? 기발한 건배사로 자신의 리더십을 드러낼 생각부터 한다면 1960년대 생 베이비부머일 가능성이 높다. "위하여!" 같은 무난한 건배사로 가서 룰을 깨지 않으면서 롤에는 나름 충실하려 한다면 X세대일 수 있다. 반면에 "꼰대같이 무슨 건배사야!" 하며 대놓고 거부한다면 MZ세대일 가능성이 높다(심지어 건배사 강요하는 회식 스트레스 때문에 퇴사했다는 밀레니얼 직원도 있을 정도도).

한마디로 끈끈한 의리의 시대가 종언을 고하고 깐깐한 합리의 시대가 온 것이다. 이 같은 조직문화의 대★ 지각변동 와중에서 각각 센 세대의 임원, 낀 세대의 중간관리자, MZ세대의 일선 직원이 함께 일하려면 무엇을 어떻게 해야 할까?

익숙한 것인가, 필요한 것인가를 구분하자

작금의 MZ세대는 신종인가? 별종인가? 한 설문조사에 따르면 베이비부머는 다른 세대가 생각하는 것보다 새로운 것을 배우고자 하는 의지가 강하고, X세대는 최선을 다하고 있지만 그런 점을 인정받지 못한다고 생각하며, MZ세대는 자신들이 기성세대의 편견과는 달리 남들의 말에 열심히 귀 기울인다고 응답했다. 각자 자기 세대의 약점이라고 이야기되는 것들에 대한 반박이다.

MZ세대가 '충실, 절실, 성실'의 3실이 부족하다고 비난한다면 선배세대의 착각일 수 있다. 이들은 고민 없이 사는 것이 아니라 단지 목표와 방향이 다를 뿐이다. MZ세대는 성공보다 성장, 조직보다 일 자체의 의미에 집중하고, 양보다 질적 평가를 더 중시한다. 이들을 이해하려면 '전념'에 대한 재정의가 필요하다.

업무에 대한 전념은 더 이상 개인의 건강을 희생하거나 사생활을 방해받아야만 가능한 것이 아니다. MZ세대 역시 비즈니스에서 가장 중요한, 회사의 임무를 완수하고 고객을 만족시켜야 할 필요성을 알고 있다. 커리어를 성장시키려는 욕심도 어느 세대에 뒤지지 않는다. 리더들은 이들에게 구체적인 아이디어를 적극적으로 구하고 반영하

1장 _ "진지하게 그만두는 건데요."

는 자세를 보일 필요가 있다. 특히 직원 복지와 연관된 것이라면 그들에게 아이디어를 구하고 직접 선택하게 하는 게 좋다. 가령 리더들을 만나면 밀레니얼 직원들은 1년에 한 번 하는 사내행사, 주로 걷기나 등산 행사에도 불참하는 경우가 많다며 불평한다. 과연 그것은 맞는 말일까? 어느 은행 HR팀의 밀레니얼 직원 K의 이야기를 들어보자.

"얼마 전 회사 워크숍에서 임원들과 밀레니얼 직원들이 팀을 이뤄 젠가게임(직육면체의 조각들을 쌓아 만든 탑에서 무너지지 않도록 주의하며 조각을 빼내어 맨 위에 다시 쌓아올리는 게임)을 한 적이 있어요. 그런데 임원 분들은 손 놓고 전혀 참여하지 않으시는 겁니다. 밀레니얼 직원들은 정말 열심히 참여했거든요. 이런 경우에 임원들은 공동체 의식이 없는 거고, 밀레니얼 직원들은 있는 건가요? 흔히 밀레니얼 직원의 공동체 의식 부족을 탓하는데, 알고 보면 그 세대에 익숙한 종목이냐 아니냐의 탓도 크다고 봅니다."

그의 이야기는 귀담아들을 만하다. 여우와 두루미의 식사 우화처럼 나에게 유리한 상황을 상정해놓고 상대방의 무관심과 불참여를 비난하지는 않았는가? 선배세대에게 익숙한 것을 모두에게 필요한 것이라고 강조하진 않았는가?

와이why와 웨이way를 함께 알려주자

MZ세대에게 임원보다 더 큰 영향을 미치는 것은 자신의 직속상사이자 사수인 중간관리자다. 사수들이 어깨를 축 늘어뜨리고 커리어 절벽을 향해 하루하루 떠밀리듯 나가는 모습은 그 자체로 부정적이다. 후배에게는 물론 본인을 위해서도 좋은 리더가 되어보자. "내가 무슨 힘이 있어?" 하고 자조하기보다 지원하자.

선배가 "알았지?" 하면 후배는 몰라도 알았다고 대답하고 맨땅에 헤딩하는 것이 기성세대의 소통이었다. 회식으로 끈끈한 의리를 다지며 속에 맺힌 것을 풀다 보면 비온 뒤에 땅이 굳어지듯 관계가 단단해졌다. 그러나 MZ세대는 피드백이 없으면 불안해 한다. 선배세대에게 피드백은 야단이지만, MZ세대에게 피드백은 조언이다. 허점을 잡기보다 맹점을 짚어주라.

밀레니얼은 객관성과 경쟁 속에서 자라다 보니 평가에 지나치게 연연하는 경향이 있다. 그러다 보니 지레 지치기도 한다. 점수와 평가에 연연할수록 이들이 그토록 원하는 자존감과는 거리가 멀어질 수밖에 없다. 남에게 보여주기보다 본인을 위해 일할 때 진정한 자존감을 가질 수 있다.

대학 MBA 강의에서 겪었던 일이다. 신학기에 원우들 이름을 서로 익히도록 명찰을 준비했다. 나는 평범한 목걸이 스타일의 이름표로 통일했다. 내 다음 강의를 맡은 밀레니얼 세대 교수는 발상이 달랐다. "명찰은 서로를 알리고 친해지기 위한 것이다."란 목적을 분명히 일러주고, 개성을 발휘해 각자 만들어오도록 했다. 결과는 어땠을까? 문자 그대로 재기발랄했다. 인형에 이름표를 붙인 명찰, 깃발 명찰 등등. '명찰 사건'을 통해 나는 혼자 다 하는 것보다 목적을 일러주고 각자 자율로 하는 게 창의성 발휘에 효과적임을 가시적으로 확인할 수 있었다.

MZ세대에게 '왜'를 잘 알려주는 것도 그 일환이다. 왜 이 일을 해야 하는지 의미와 배경을 일러줄 때 '조직의 일개 나사'가 아닌 목수로서 일하는 존재감을 가질 수 있다.

센 세대, 낀 세대, 신세대가 서로 잘 통하기 위해선 어떻게 대하고 대처해야 할까? 자세한 코칭에 대해서는 2장에서 알아보자.

"너님만 소중하면 소는 누가 키우나?"

세대 유감
vs.
세대 공감

꼰대의 슬픈 고백

#에피소드_무리한 업무지시가 떨어졌다!

베이비부머 세대 "일단 밀어붙이고 나서 생각하자(태생부터 꼰대)."

X세대 "일단 맞춰주고 나서 생각하자(결국은 꼰대)."

MZ세대 "못한다고 이야기하고 나서 차차 생각하자."

40대 X세대 리더들은 자신들이 회식 사역使役, 등산 사역을 하는 마지막 세대라고 자조한다. 사역은 종교기관에서 나온 용어로 종교의 교리를 따라 봉사하는 행위를 가리킨다. 즉, 상사의 요구에 거부 없이 따르는 것을 의미한다. 이제 세상이 바뀌었다고 해서 윗사람의 생각이 하루아침에 바뀌는 것은 아니다. 베이비부머 임원들로선 만만한 게 X세대 관리자들이니 이들에게 단체콜을 빙자해 개인콜을 보낸다.

중소기업에 다니는 40대의 K팀장 이야기다. 퇴근 무렵, 사장이 "약속 없는 사람은 나랑 저녁이나 같이 먹지. 밥 먹을 사람, 지하 식당으로 와." 했다. 한 사람을 지목해 이야기하지 않아도 X세대는 '거부할 수 없는 제안'이라고 생각해 알아서 수용한다. 줄레줄레 식당에 쫓아가 보면 사장과 자기뿐이다. 반면 MZ세대는 한 사람을 콕 찍어 이야기해도 "선약 있습니다." 하고 당차게 거부한다.

X세대는 마지막 부장님 세대다. '상사'와 '모시다'란 말을 조직생활의 금과옥조처럼 여겼지만 수평주의 조직문화 바람이 불면서 모두 평민이 됐다. 위로는 단군 이래 최대의 말발과 마당발 인맥을 함께 가진 기 센 386세대를 모시고 있다. 아래로는 워라밸을 중대한 과제로 삼고 있는 밀레니얼 상전을 모시고 있다. 더구나 이들은 어려서부터 토론, 논술로 다져진 뛰어난 논리력을 갖고 있으며, 온라인 네트워크력이 막강해 털끝 하나 함부로 건드렸다간 온라인 여론에 들불을 일으키기 십상이다.

40대란 나이는 생애주기 상으로도 자녀교육에, 노부모 공양에 부담이 클 때다. 조직 내에서 관리자로서의 지위도 불안정하다. 위로는 막혀 있고, 아래에선 올라오며, 밖에선 평평하게 하자는 바람이 몰아치니 여기저기 눈치 보아야 한다. MZ세대처럼 호기롭게 사표를 쓰지도 못한다. 지켜야 할 것은 많고, 선택지는 적으니 비루해질 수밖에 없는 게 바로 X세대가 처한 상황이다.

새로운 것을 시작하기엔 늦고, 그나마 움켜쥔 것을 놓아버리기엔 아까운 어중간한 나이다. 40대는 인생의 오후 3시쯤에 해당하는 나이다. 지키고 싶은 것과 지켜야 할 것이 많기에 부당한 줄 알아도 참고, 불리한 줄 알아도 견뎌야 한다. '내 상사처럼 절대 되고 싶지 않앉지만 어쩌다 보니 그 모습을 닮아버린' 세대다.

'40대 그들은 누구인가' 심포지엄 발표 자료에 의하면 직장 내 불공정한 대우를 받았을 때 대응 방식에서 세대별 차이가 극명하게 드러났다. X세대는 '더욱 충성', '그냥 참고 지냄', '노조를 통한 고발', '공식적 이의 제기', '이직 시도', '불법 행동' 등 여러 가지 방법 중 '그냥 참고 지냄'과 '더욱 충성'이란 순응적 방법을 택하는 비율이 가장 높았다. '라스트 맨 스탠딩'이라는 말처럼 1970년대 생의 '생존력'을 나타내는 지표라고 볼 수 있다.

반면 1990년대 생은 '더욱 충성' 응답이 현저히 낮았다. 요컨대 1970년대 생에게 1990년대 생은 무기력하고 계산만 하는 세대로 보이고, 1990년대 생에게 1970년대 생은 여러모로 피곤한 존재로 보일 수 있다. 또 X세대는 사회적 성공 요인으로는 본인의 학력, 노력 등 개인의 노력을 꼽는 비율이 다른 세대에 비해 높았다. MZ세대는 부모의 경제적 능력을 비롯한 주변 환경 요인을 중요하게 생각한 반면 X세대는 성공과 실패가 각자 하기 나름이라고 생각했다.

불혹인가, 부록인가

공자는 40세를 '불혹不惑'이라 했지만 조직에선 '부록'같이 취급되는 게 이 나이다. 흔들리지 않는 중심을 잡기는커녕, 젖은 낙엽처럼 바닥에 바짝 붙어 떨어져나가지 않으려는 자신의 처지가 초라하다. 링컨은 "마흔 이후엔 자신의 얼굴에 책임지라."고 했는데, 위에서 눌리고, 아래에서 치받히니 이들은 갈수록 무표정해진다. 무표정이 최대의 방어 전략이어서 그런지도 모른다. 뜨거운 설렁탕이 아니라 얼음이 그득한 물냉면을 먹는데도 진땀을 흘려 냅킨 한 통을 다 쓰기 일쑤다. 밥 먹고 커피 마시고 나서 계산할 때 은근 뒤로 물러서 모양 빠지기도 한다.

MZ세대가 어떻게 알겠는가! 비록 그들보다 월급을 더 많이 받는다 하더라도 가처분 소득은 후배들보다 훨씬 적다는 것을. 후배들은 월급을 받으면 자기가 온전히 쓰는 경우가 많다. 하지만 이들 세대는 직급은 팀장일망정 개인 용돈은 훨씬 적고, 통장은 텅텅 비어 '텅장'이다.

때로 X세대는 난감을 넘어 비감스럽기까지 하다. 베이비부머 세대로부터는 "괜히 착한 팀장이 되려고 하지 마, 애들한테 휘둘리잖아."라고 퉁박당한다. 반면에 밀레니얼 후배들로부터는 '약한 꼰대'로 무시당한다. 회사 일 열심히 하며 살아왔지만 정말 무엇을 위해 살아왔는지 생각하면 막막하다. 롤모델도 안 되고 로드맵도 제시하지 못할 때, 선배는 선배 노릇하기 힘들다. 40대 후반의 대기업 K부장은 X세대의 자화상을 짬짜(짬뽕과 짜장면이 반씩 나오는 식사) 세대로 묘사했다.

"선배들의 불합리한 모습을 보면서 저런 리더는 되지 말아야지 하고 단단히 결심했었습니다. 문제는 그걸 대체할 리더십을 준비하지 못했다는 거예요. 우린 뭐든지 반반씩 경험한 짬짜 세대예요. 경제도 호황과 불황, 리더십도 수직과 수평, 기술도 아날로그와 디지털. 좋게 보면 포용성이 큰 것이지만, 나쁘게 말하자면 다 어중간해요. 짬뽕과 짜장면, 막상 반씩 먹어보면 하나 다 먹느니만 못하잖아요. 우리 X세대는 롤모델도 없고, 로드맵도 없는 상실의 세대입니다."

이런 탈脫꼰대, 반反꼰대적 글이 꼰대 세대로부터 나오는 것은 X세대의 강점이자 그늘이다. 센 꼰대들이 회사에서 공공의 적이 되었다면 X세대는 그들 특유의 감성 때문에 만인의 연인이 되고자 한다. 그러다 후배들로부터 "당신 세대도 다를 것이 없다."는 멘트를 들을 때 좌절감에 빠진다.

어느 대기업의 중간관리자 J팀장의 이야기다. 후배가 외부 직장인 자기계발 모임에서 셀럽과 만나고 온 이야기를 들을 때 마음이 쓸쓸해졌고 자신이 초라하게 느껴졌단다. 다음과 같은 말을 해주고 싶은 맘이 굴뚝같지만 자격지심, 자기 변호라고 할까 봐 꾹 삼켰다.

"그런 셀럽들의 이야기는 뜬구름 잡는 이야기일 수 있어. 지금 우리 회사 상황에선 비슷한 경험을 먼저 한 선배들의 이야기가 더 도움될 거야. 자기계발 모임의 셀럽들과의 모임, 멋있어 보이지만 그것은 돈으로 산 관계일 뿐이야. 자기 분야에서 치열하게 싸운 진짜 경험담이 없으니 이상적인 이야기밖에 할 수 없어. 왜 회사 선배들 이야기는 꼰대질, 지적질이고, 밖에서 돈 내고 듣는 셀럽의 이야기엔 열광하는지 답답해."

X세대가 무표정하고 무기력, 무덤덤하게 보인다고 해서 불만이 없겠는가? 밟는다고 꿈틀해봐야 수명만 단축되는 것을 알기에 참을 뿐이다. MZ세대는 억울하면 하소연할 SNS 익명 게시판이나 블라인드 앱이라도 있다. 서로 모르는 사이라도 동조해 벌떼처럼 들고 일어서줄 10만 대군을 가졌다. 선배인 386세대들은 독재에 대항하며 다져온 동지애를 사회적 인맥으로 발전시켜 인생 곳곳에 쌓아놓은 군

건한 연대가 있다. 불리하면 함께 연대할, 적어도 기대보기라도 할 백그라운드가 있다.

X세대는 개인주의 세대로 고립무원이다. 마음을 풀어헤치고 이야기할 곳도 없다. 자급자족, 자력갱생이다. 잘하면 선배님, 후배님 덕분이고 못하면 자신을 탓한다. 인어공주가 다리를 얻기 위해 마녀에게 목소리를 준 것처럼, 이들 역시 직장에서 버티기 위해 목소리를 버렸다.

386세대는 "나 때는…"을 운운해 '라떼 상사'가 되었지만, 반대로 이들은 '우유 상사'다. 우유부단해서 연민의 대상이 되었다. 그러면서도 책임은 다락같이 높아졌고, 성과목표 역시 여전히 높다. 권한은 쥐꼬리만 하니 쓴 눈물을 훔칠 수밖에. X세대인 어느 팀장은 쓸쓸하게 말한다.

"낮말은 새가 듣고 밤말은 쥐가 듣는다는데 우리의 말은 누가 들어주나요? 상사들은 지시사항만 퍼붓고, 후배들은 요구사항만 이야기하는데 우리 고충은 누구에게 털어놓나요?"

굳이 샷을 추가해야겠다면…

#에피소드_점심식사 후 카페에 갔다.

베이비부머 세대 "커피와 녹차 중에서 상사가 시키는 걸로…."

X세대 "커피와 녹차 중에서 선택할게요."

MZ세대 "전 따로 주문할게요. 벤티 사이즈에 샷 추가하고요, 얼음은 세 조각만 넣어주세요."

카페에서 커피를 주문할 때도 세대 차이는 극명하게 드러난다. 기성세대는 선택지의 종류가 많으면 오히려 골치 아프다. 그래서 센 세대는 '제일 많이 시키는 걸로 통일'한다. 낀 세대는 3개 정도에서 고른다. MZ세대는 개별 주문이다. 각자 음료의 사이즈, 첨가물 등 선택사항을 줄줄이 이야기한다. 커피콩의 산지, 우유와 시럽의 종류와 양 등 선택사항이 본 주문보다 더 길고 자세한데 그것을 귀찮아하기보다 즐긴다.

하다못해 대학 학생식당의 라면도 다르다. 베이비부머 세대는 학생식당의 라면이라고 하면 미리 삶아놓아 다 불어터진 면발에 국물을 붓는 배급방식을 기억한다. X세대의 학생식당 라면은 컨베이어 벨트처럼 돌아가는 가스불에 끓이는 방식이었다. 요즘 대학의 라면은 셀프 조리 방식이다. 각자 전열기 위에 냄비를 놓고 취향에 따라 익힌 정도가 다른 면을 기호에 맞게 조리해 먹는다. 의식주를 비롯해 모든 면에서 개취(개인의 취향)가 중요한 MZ세대에게 '대세'를 따르는 것은 '극혐'이다.

반면 기성세대는 취향을 질문하는 것도, 질문 받는 것도 익숙하지 않다. 그저 알아서 해주고 통일하는 것이 좋다. 제일 좋아하는 메뉴가 '아무거나'다. 취향을 물어보는 것은 성가심을 넘어 고문이다. 식당에 가서도 가장 빠르게 나오는 음식, 또는 상사가 시킨 음식으로 통일하는 일사불란함이 조직생활의 미덕이었다. 일행과 같이 먹기 시작해서 같이 일어나는 게 조직의 눈치코치 적응지수라고 생각했다.

매사 맞춤형에 익숙한 MZ세대는 획일적 스타일이 불편하다. 요즘 기업들에서 티칭보다 코칭 방식으로 소통을 바꾸는 것도 그 일환이다. 세대 간 시각차를 좁히면서 성장을 도모하기 위해서다. 코칭 대화, 1대1대화(1달에 1회, 1시간씩 대화하기) 등 각 기업에서 시도하는 코칭 대화는 과연 기대만큼 효과를 거두고 있을까? 수평적 조직문화를 구축하고, MZ세대들의 에너지를 올리는 등 제 역할을 수행하는 만병통치약으로 쓰이고 있을까? 사례를 통해 살펴보자.

대기업 A사의 마케팅 팀원인 20대 Y는 40대인 K팀장이 '1대1 코칭'을 청하면 한숨부터 나온다. 팀장과 1대1 코칭 면담을 하면 '기 빨리는' 느낌이 들어서다. K팀장 역시 회사에서 하라니까 어쩔 수 없이 하는 눈치다. 양쪽 다 도살장으로 끌려가는 소의 느낌이다. 말은 헛돌고, 대화는 빙빙 돈다. 일방적 지시가 아닌 쌍방 코칭이라고 강조하지만 늘 변죽을 울릴 뿐, 서로 탐색전만 벌이다 링에서 내려오는 듯해 찝찝하다.

Y는 차라리 깔끔하게 지시받는 게 더 낫다고 생각한다. '고문하는 것도 아니고 10분이면 끝날 것을 왜 1시간 동안 얘기하시나? 회사를 위해 열심히 일하라는 이야기, 이번 프로젝트 힘들더라도 네 역할 제대로 해내라는 이야기…. 이미 결론이 정해져 있고, 한 문장이면 끝날 이야기를 왜 빙글빙글 돌리며 '내 마음을 맞춰 봐' 하는 걸까? 구차스러운 간 보기를 민주적인 의견 수렴이라고 착각하는 걸까? 아, 차라리 일하러 가고 싶다.'

K팀장 역시 코칭 대화가 쉽지만은 않다. 할 말이 없거나 혹은 너무 많거나, 양극단을 달리기 일쑤다. "네 생각은…?" 하며 스스로 발견하게끔 '코칭 형식'으로 물어보긴 한다. 배우지도, 알지도 못하는 것을 해보려니 어색하고 불편할 수밖에 없다. 팀원의 생각을 물어본다고는 하지만 대답이 본인의 의도나 목적과 부합하지 않으면 초조해지거나 짜증이 난다. 결국 마음에 들지 않는 대목에서 같은 질문을 반복하며 다람쥐 쳇바퀴를 돌게 된다. 마음 한편에서는 '코칭 대화가 정말 효과가 있는 걸까? 우리 팀은 정말 성과가 향상되고 있는 걸까?' 늘 회의감이 든다.

　　　　　　　　　　　　　2장_"너님만 소중하면 소는 누가 키우나?"

K팀장은 어떻게 해야 할까? 예전처럼 일방적으로 지시하는 게 나을까? 아니면 아직 효과가 나타나는 임계점에 도달하지 않았으므로 현재의 코칭 대화를 계속 시도해야 할까? 비슷한 고민을 하는 리더라면 다음 3가지 사항을 검토해보는 게 필요하다.

지시와 코칭을 헷갈리진 않는가?

'현명한 리더는 지시하지 않는다'는 말이 있다. 이는 반은 맞고 반은 틀리다. 지시거리와 코칭거리를 구분하라는 뜻이다. 위의 사례에서 K팀장의 불안, Y팀원의 불만은 코칭거리와 지시거리를 구별하지 못한 데서 나왔다. 지시는 지시고, 코칭은 코칭이다. 지시를 코칭으로 대체해선 안 된다. 답을 숨겨두고 '보물찾기' 하듯이 '뺑뺑이' 돌리면 구성원은 존중은커녕 조롱받는 기분이 든다. 코칭할 것과 지시할 것을 명확히 구분하라. 자를 것은 자르고 이을 것은 잇는 것이 리더의 능력이다. 목적지가 정해져 있는데 새삼스럽게 어디로 갈지, 갈지 말지, 의견을 묻는 것은 시간낭비다.

코칭은 수수께끼나 추리게임이 아니다. 지시사항이라면 빙빙 돌리지 말고, 기대와 요구, 기준을 분명하고 간결하게 전달하자. '의견과 마음을 물어 그에 따른 협의가 가능한가?' 이것이 코칭거리와 지시거리를 구분하는 포인트다. 의무적인 수행사항은 지시가 답이다. 티칭과 코칭, 아이템 분류가 첫 단추다.

긍정형, 미래 시제의 자각 유도 질문으로

스스로 알을 깨고 나오면 병아리가 되지만, 남이 깨뜨려주면 프라이가 된다. 코칭이 일방적 티칭보다 좋은 점은 바로 스스로 문제를 발견하고, 해결책을 찾게 하는 데 있다. 트레이닝(train+ing)은 문자 그대로 기찻길을 따라 모두 같은 궤도를 가도록 하는 획일화된 교육이다. 반면 코칭은 나만의 길을 찾도록 하는 맞춤식 교육을 목적으로 한다. 코칭 대화 중 가장 자주 발생하는 문제는 3가지다.

첫째, '주제 찾아 삼만리'다. 대화가 수다로 변하게 하지 말자. 경청은 중요하지만 주제에서 벗어난 이야기까지 무조건 마냥 들어줄 필요는 없다. 만일 팀원의 이야기가 주제에서 벗어났다면 얼른 핵심으로 돌아오자. "지금 자네가 한 이야기가 오늘 하려는 이야기와 어떤 관계가 있을까…" 등의 말로 주제를 다시 환기시켜야 한다.

경청은 내가 원하는 대답을 해줄 때까지 넋 놓고 기다리거나, 내 쪽으로 끌려오도록 밀고 당기는 줄다리기가 아니다. 오히려 탁구와 같다. 상대가 이야기하면 그가 한 말을 간단하게 요약해 확인하는 질문을 던져라. 그러한 적극적인 경청은 대화의 활기를 돋우고, 그런 활기야말로 상대에 대한 적극적인 존중이다.

둘째, '정답 강요하기'다. 해답을 찾아내기 전에 정답을 주면 생각할 기회를 잃어버린다. 조금 답답하더라도 본인이 생각하고 해결책을 찾도록 기다려주자. 그래야 매번 쪼르르 물어보러 오는 상사 의존형이 아니라 혼자서 크는 자립형 후배로 양성할 수 있다. 정답을 냉큼 가르쳐주지도 않고, 샛길로 빠지지도 않는 방법은 질문이다.

2장_"너님만 소중하면 소는 누가 키우나?"

단, 똑같은 '발견 질문'도 추궁형과 희망형이 있다. "그 일이 왜 안 됐습니까, 왜 그 목표를 달성하지 못했죠?"는 부정형이다. 이처럼 과거 시제로 물어보면 추궁당하는 기분이 든다. 그보다는 자각 유도 질문을 하자. "그 목표를 달성하려면 어떻게 해야 할까요?"처럼 긍정형, 미래 시제로 물어보는 것이 포인트다.

셋째, '거짓 경청'이다. 듣는 척하지 말고 듣자. 경청은 그냥 들어주는 것을 넘어 심리적 안정감을 주는 것, 반대 입장도 수용 가능함을 보여주는 것이다. 하버드대 경영대학원 부교수 에이미 커디Amy Cuddy는 저서 《자존감은 어떻게 시작되는가?》에서 말한다.

"우리 귀에 들리는 말을 진정으로 이해하고자 하는 마음이 없을 때는 진정한 경청도 불가능하다. 경청은 결코 쉬운 일이 아니다. 판단을 유보해야 하기 때문이다. 심지어 좌절감을 느끼거나 공포에 휩싸이거나 지루하거나 도저히 참을 수 없을 때조차도 판단을 유보해야 한다. 또 우리는 상대가 정직해질 수 있도록 자리를 내어주어야 하고, 정직해도 다치지 않을 것임을 보장해주어야 한다. 상대가 하는 말을 들으면서 방어적으로 변명을 해서도 안 된다. 어떤 사람들의 경우에는 침묵의 공포, 그리고 대화의 주도권을 잃었을 때의 공포를 극복해야 하는 문제이기도 하다." 진정한 경청은 원하는 이야기를 들을 때의 태도가 아니라 싫은 이야기를 얼마나 잘 들을 수 있는지가 좌우한다.

길을 닦는 선배 vs. 짐을 싸는 후배

#에피소드_일의 의미, 커리어와 잡의 차이

선배세대 "일이란 길을 닦아가는 것과 같아. 난 평생 한 우물을 파왔어 (커리어)."

MZ세대 "일은 일일 뿐이에요. 전 짐을 들었다 놓으며 옮기는 것이라고 생각해요(잡)."

선배세대에게 일은 '커리어career'라면 MZ세대에게 일은 '잡job'이다. 커리어의 어원은 '마차가 지나는 길'이다. 즉, 오랜 기간 길을 닦아나가듯이 평생 한 우물만 판다는 뜻이 강하다. 반면 잡은 짐수레로 실어 나르는 한 덩어리의 물건을 의미한다. 한곳에서 평생 일하고 퇴직할 수 있었던 과거에는 개인의 '직업'으로서 일이 의미를 가졌다. 그리고 경력을 한곳에서 꾸준히 쌓아갈 수 있었다. 하지만 오늘날처럼 퇴사가 빈번한 시대에 '일자리'로서의 일은 언제든 마차 위에 올리고 내리고 바꿀 수 있는 일시적 짐, 화물일 뿐이다.

커리어를 쌓는 사람들에게 직장은 따라가야 할 길이고 거기서 벗어나는 것은 궤도 이탈이다. 선배들은 "절이 싫으면 중이 떠나는 것"이란 말을 들을 때 가슴이 철렁했다. 삶의 위협으로 받아들여서다. MZ세대는 이렇게 생각한다. "그건 당연한 이야기 아니야?"

생각해보라. 당장 1년 후에 지금 다니는 회사에서, 직장동료들과의 회사생활을 확신하지 못한다. 일을 짐이자 화물로 생각하는 이들에겐 조직과 상사에 대한 태도도 당연히 다를 수밖에 없다. 평생 동지와 스쳐 지나가는 손님을 어떻게 똑같은 태도로 대하겠는가? 텃새와 철새는 생존방식이 다를 수밖에 없다.

영국 런던 정치경제대학교 리처드 세넷Richard Sennett 교수는《신자유주의와 인간성의 파괴》에서 불안을 이렇게 말한다. "두려움이란 앞으로 일어날 일에 대한 불안이며, 불안이란 지속적인 위험을 강조하는 환경 속에서 생겨나며, 또 불안이란 과거의 경험이 현재에 아무런 가이드 역할을 하지 못하는 것처럼 보일 때 증가한다."

그는 리코 부자父子의 생애를 비교해 서술한다. 리코의 아버지 엔리코는 산업화, 베이비부머 세대의 삶을 대변한다. 리코의 불안정한 삶은 요즘 밀레니얼 세대의 모습이다. 아버지 엔리코는 일은 힘들었지만 명확한 목적을 갖고 있었고 달성할 수 있었다. 미래의 행복을 위해서라면 기꺼이 희생하고 인내할 수 있었다. 미어터지는 출퇴근 버스와 야근, 상사의 잔소리가 반복되는 일상을 버텼다.

반면에 아들 리코는 경제적으론 풍요롭지만 아버지처럼 일관된 삶을 살 수 없다. 잦은 전직, 퇴사 때문에 지속적인 인간관계를 유지할 수도 없었다. 사회안전망, 신뢰안전망이 사라진 삶, 각자도생해야한다는 절박감을 가지고 살아야 하는 삶에서, 남에게 여유와 관용을 베풀긴 힘들다. 언제 떠날지 모르는 조직에 충성과 열정을 다하기도 힘들다. 노동 유연성으로 이직의 가능성과 기회는 높아졌지만 안정성은 떨어지고 심리적으로 늘 표류한다.

세넷 교수는 인간성에 대해 이렇게 말한다. "인간성은 인간의 장기적 측면과 관련된 것이다. 인간성은 상대방을 신실하고 헌신적으로 대하고, 장기적 목표를 추구하며, 장래의 목적을 달성하기 위해 현재의 만족을 포기하는 것 등에 의해 표현된다."

인간성은 인간 내면의 영속적 가치다. 사회가 즉각적인 이해관계에 따라 급속하게 조율되고 있으니, 어떻게 사람들이 내면의 영속적 가치를 추구할 수 있겠는가! 바로 이 불일치에서 '인간성의 파괴'가 등장한다. 인간성은 정서적 경험과 관련이 깊고, 장기적인 목표를 추구할 때 유지할 수 있다. 오늘날 불안정한 고용구조와 잦은 퇴사는 일터에서 인간성을 형성하기 어렵게 만든다.

능력만 있으면 얼마든지 경쟁에서 승리할 수 있다는 능력주의는 기회 확대의 의미도 있다. 그 이면에는 언제 경쟁에서 탈락할지도 모른다는 '퇴출의 공포'가 자리한다. 후자의 공포가 더 크다. 베이비부머 세대는 회사에서 일을 더 배우는 것이 성공하는 방법이었다. X세대는 퇴근 후 일과 관련된 공부, 즉 회사에서 요구하는 어학, 자격증

학습으로 프로로서의 역량을 높이려는 게 커리어 강화의 과업이었다. 밀레니얼 세대는 다르다. 앞 세대가 한 방향으로 뻗은 길을 더 넓게 닦고자 했다면 이들은 또 하나의 일을 더 얹어놓는 게 인생과 성공에 더 도움이 된다고 생각한다. 선배세대는 일을 커리어로 인식한 반면, 이들은 잡으로 본다.

커리어와 잡, 가치관 간극을 어떻게 좁힐 것인가?

이것은 세대의 문제일 뿐 아니라 시대의 문제이기 때문에 쉽지 않다. 부평초같이 표류하는 세대, 즉결 처리만을 요구하는 세대에게 리더십을 발휘하려니 선배들은 당연히 예전보다 힘들 수밖에 없다. 지금 힘들어하는 당신이 기성세대라면, 당신만 힘들고 고민하는 것은 아니다. 미래가 늘 불안한 이들에겐 예전과 다른 리더십이 필요하다. 단지 잘해주는 것, 갑질 안 하는 것만으로는 부족하다.

이력보다 경력을 중시하는 이들에겐 고수 상사가 되어야 한다. 나를 버리지 않고서도 실력 있는 회사형 인간의 모습을 보여주는 것이다. 즉, 회사에 목매진 않지만 회사에서 필요로 하는 리더다. 어느 분야고 요즘 기술력과 지식의 반감기는 3~4년도 되지 않는다. 과거의 영광에 머무르지 않고 끊임없이 성장하는 모습을 보여야 이들은 존경심을 갖는다. 성장시키거나, 성장하고 있거나, 정보의 저수지가 되거나, 아니면 최소한 일의 걸림돌을 치워주자.

잘 대해주기보다 잘 되게 해주라

첫째, 교육과 조언이 필요하다. 꼰대짓 하지 말란다고 정말 아무 말도 하지 않을 것인가? 선배랍시고 경륜이나 직위만 내세우며 내실 없이 뻐기기만 하는 것은 문제지만, 선배의 조언 자체가 불필요한 것은 아니다. 멘토가 꼭 1명일 필요도 없다. 멘토는 많을수록 좋다.

둘째, 독립성은 존중하되 고립은 유의하자. MZ세대는 자신의 일을 독립적으로 하길 원하고 자율성을 가지길 바란다. 하지만 이것이 모든 지원체계로부터 소외되는 고립을 의미하는 것은 아니다. 스스로의 힘으로 과제를 해결할 수 있도록 관심을 보이고 지원해야 한다. 기대보다 미진하다면 신속하게 피드백을 해주어 결과물을 수정하고 실수를 통해 배울 수 있도록 멘토링하라.

셋째, 선공후사보다 선사후공하라. '조직이 개인보다 우선'이라는 식으로 멘토링하면 백전백패다. MZ세대가 멘토링을 원하면서도 무시하는 것처럼 보이는 이유가 뭘까? 멘토링이라는 미명 하에 회사 정책을 강요하거나, 일 잘하나 감시하거나, 조직의 목적을 주입하려는 것이 아닌가 하는 걱정 때문이다. 이들은 직장 내 멘토도 자신의 커리어를 최우선적으로 고려해 성장하도록 도와주길 원한다.

국내의 한 외국계 기업에서 있었던 일이다. L팀장은 한 팀원으로부터 회사를 그만두고 싶다는 이야기를 들었다. 이유는 해외 오지여행을 해보고 싶다는 것. L팀장은 눈앞이 캄캄해졌다. 리더십 관련 인사평가는 물론이고, 충원되지 않았을 때 팀원의 업무를 어떻게 다 감당할지 등의 문제 때문이었다. L팀장은 팀원과 진솔한 대화를 나누며 프로젝트를 끝낼 때까지 사표를 유보하는 절충안에 합의했다. 그리고 그 팀원은 사표를 제출하고 1년간 오지여행을 마치고 재입사했다. L팀장은 "만일 회사 입장만 내세우며 서로 솔직한 이야기를 나누지 못했다면, 인재 유출은 물론이고 조직에 더 큰 충격을 주었을 것이다."고 회고했다.

넷째, 가르치려고 하기보다 배우려는 자세를 가지자. 멘토링도 연공서열을 무너뜨릴 필요가 있다. 젊은 후배에게 묻고 배우는 것을 부끄러워하지 말라. 멘토와 인턴의 노릇을 동시에 해야 살아남을 수 있다. 고령화 사회에서 연하의 상사와 일해야 하는 것은 거스를 수 없는 대세다. 가르치려고 하지 않는 자세, 배우려는 자세를 갖는 것이야말로 진정한 세대 공존의 지혜이자 진정으로 자존심을 유지할 수 있는 방법이다.

앞으로 살아갈 사회에서는 연하의 상사를 모시고라도 일할 수 있는 것이 오히려 행운이다. 연하에게 배우는 방법을 훈련할 기회라고 생각하자. 밀레니얼은 "왜 인터넷에서 찾아보지도 않고 저부터 찾는지 모르겠어요.", "가르쳐줘도 못 알아듣고 왜 자꾸 해달라고 하는지 모르겠어요." 하며 상사가 답답하다고 털어놓는다. 이들은 멘티로서 가르침을 받는 동시에 멘토로서 상호작용하고 싶어 한다.

마지막으로 감성지능과 디지털지능을 교환하자. MZ세대로부터 디지털지능을 배우고, 선배세대로부터 감성지능을 배우자. 영화 '인턴'은 직장생활 40년 경력의 전화번호부 회사 부사장 출신인 벤 휘태

커(로버트 드니로)가 신생 IT기업인 온라인 쇼핑몰 회사에 시니어 인턴으로 재취업해 벌어지는 내용을 다루고 있다. 그가 꼰대가 아닌 '인생 선배'로 환영받은 비결은 '기다림'이다.

드니로는 대우받으려 하거나, 자신의 노하우를 전수하려 하지 않는다. 지적하지 않고 묵묵히 지원해주고 챙겨준다. 필요하면 조언해주는 '지혜'를 갖췄으되 먼저 오지랖 넓게 간섭하지 않음으로써 젊은이들이 절로 그에게 모여들었던 것이다. 그의 대사 "손수건은 상대방에게 빌려주기 위한 것입니다."를 기억하라.

젊은이들에게 빌려주기 위한 손수건(지혜)은 늘 갖춰놓되, 울기 전에 미리 닦아주는 성급함은 갖지 않는 것, 그것이 선배의 지혜다. 후배에게 묻고 배우자. 선배세대가 오래돼 상한 포도주스가 아니라 명품 와인으로 대우받을 수 있는 생존의 필수 지혜다.

선배의 다시보기, 후배의 미리보기

#에피소드_ '불안'이 디폴트 값인 90년 생

선배세대 "도대체 요즘 친구들은 '충실, 성실, 절실'이 없어. 안 되면 바짓가랑이라도 붙잡고 되게 하려는 간절함이 없어."

MZ세대 "우리가 왜 절실함이 없어요? 우리만큼 삶에 절실한 세대는 없을 걸요. 불만 못지않게 불안도 커요. 뭐든 준비하고 있지 않으면 초조한 상시 불안세대인 걸요."

선배세대는 조직생활에서 상사와 조직에 대한 불만이 컸다면 MZ 세대는 거기다 미래에 대한 불안까지 더해졌다. 불만은 못된 상사 때문에 생기지만, 불안은 못난 상사 때문에도 생긴다. 상사는 내 10년 후 모습 '미리보기'인데 저 사람처럼 되면 정말 큰일 나겠다는 생각이 들어서다. '열정은 번아웃, 월급은 로그아웃', 벌써 인생 삼진아웃 직전이라는 이들에게 선배세대의 열정 운운은 짜증만 유발한다. 그들의 추레한 모습은 자신들의 미래를 '미리보기' 하는 것 같아 불안하다. 적어도 선배세대들이 돌이켜 자신들의 신입사원 때 시절을 '다시 보기' 했으면 좋겠다는 생각이 든다.

벼랑 끝에 서서 미래를 준비하다

대기업에 다니는 34세 Y의 이야기를 들어보자. 그는 직장 5년차, 지금 다니는 회사가 두 번째 직장이다. 국내 굴지의 회사에 다니고 있지만 늘 불안하다. 조직문화나 보수가 마음에 들지 않아서만은 아니다. 오래 전부터 유연근무제 등이 완벽하게 정착된 곳이어서 저녁이 있는 삶을 보장받고 있다. 하지만 Y는 늘 퇴사를 준비한다.

"꼭 회사나 상사에 대한 불만 때문에 퇴사를 생각하는 건 아니에요. 우리 세대는 불안이 기본값인가 봐요. 세상이 너무 빨리 변하고, 거기에 적응해 살아남아야 한다는 게 불안해요. 또 70세 이후까지도 일을 해야 할 텐데, 그러려면 뭘 준비해야 하나 늘 고민이에요. 우리 부모 세대는 정년퇴직하면 숨만 쉬어도 연금이 나오잖아요. 우리는 다르거든요. 솔직히 임원이 되기도 힘들겠지만, 되고 싶지도 않아요. 우리 회사 임원들, 회사 나가면 생존할 수 있을까요? 회사 일만 하다가 퇴직이 늦어지면 오히려 전투력이 떨어질 것 같아요."

대형 증권사에 근무하는 또 다른 밀레니얼 직원 M 역시 비슷한 불안감을 털어놓았다. 선배세대는 회사에 들어가 한 우물만 파도 미래가 보장되었지만, 자신들은 이 우물, 저 우물을 다 파봐야 한다고 말한다.

"앞으로 뭐 해 먹고 살지, 미래를 어떻게 준비해야 할지 불안해요. 가령 요즘은 주식을 온라인으로 매매하는 추세거든요. 4차 산업혁명 시대에는 증권사 대면고객 업무가 사라질지도 모르는데, 과연 제가 미래에도 이 일로 먹고살 수 있을까요? 저는 퇴근 후에 본업 외에 다른 것도 공부해요. 제 친구들도 비슷해요. 현재 하는 일과 상관없는 자격증을 12개나 따놓은 친구도 있고, 주말마다 부동산 커뮤니티 회원들과 '임장'을 뛰는 친구도 있어요. 다들 미래 강박증 때문에 뭐라도 공부하지 않으면 불안하니까요."

한편 메이크업 아티스트 프리랜서인 S는 이렇게 말했다. "기성세대는 우리가 너무 돈돈 하고 눈앞만 본다고 비난하는데, 사실 그렇지 않아요. 우리야말로 길게 보려고 해요. 당장 큰돈을 벌기보다 오래도록 꾸준히 벌 수 있는 방법에 대해 골똘히 생각해요. 저는 이 일하기 전엔 유치원 교사였어요. 메이크업 아티스트가 되고 나서 당장 보수와 안정성은 떨어졌죠. 하지만 제가 오래할 수 있는 일을 하고 싶어서 선택했어요. 앞으로 제 이름을 딴 브랜드 화장품도 출시하며 여러 가지 일을 할 계획입니다."

이들의 상시 불안, 예비 태세엔 2가지 요인이 작용한다. 하나는 사회 변동성으로 인한 미래 불확실성, 둘째는 부모의 기획형, 매니저형 교육방식 때문이다. 사회의 변동성이 커진 데다 저성장 시대의 찬 바람이 몰아닥쳤다. 5년 후, 아니 당장 1년 후도 모르겠는데, 조직에서 롱런하는 것이 무슨 의미겠는가? 그러니 충성심도, 인내심도 이전 선배들보다 낮을 수밖에 없다.

이들의 불안은 정반대의 모습으로 나타난다. 무기력한 개인주의

이거나 영웅주의다. 후자는 경쟁의 사다리를 단숨에 올라가겠다는 극단적인 모습이다. 비트 코인 열풍이 그 예다. 개인주의든 영웅주의든 이들은 무엇이든 배워야 한다는 강박감을 공통적으로 느끼기 때문에 늘 까닭모를 불안감, 열패감으로 스스로를 갉군다. 소확행(소소하지만 확실한 행복)이 중요하다는 말은, 뒤집어 생각해보면 그만큼 '소확행'조차 갖기 힘들다는 이야기이기도 하다.

밀레니얼 세대의 부모는 베이비부머 세대다. 교육이 신분상승의 강력한 경로임을 경험한 이들 부모세대는 자녀들에게 온갖 종류의 맞춤형, 기획형 사교육을 시켰다. 대학 졸업장만으론 부족하다고 생각해 더 일찍, 더 세게, 더 많은 종목을 가르치는 것으로 사회 변동성에 대비했다. 헬리콥터형 부모(헬리콥터처럼 자녀 주위를 맴돌며 지나치게 간섭하고 과잉보호하는 부모)를 넘어 스텔스 폭격기 같은 부모 슬하에서 밀레니얼 세대는 뱃속에서부터 취업까지 철벽 준비를 했다. 이러한 과보호는 취업 후에도 이어진다.

캐나다의 임상 심리학자인 조던 베어런트 피터슨Jordan Bernt Peterson 전 하버드 대학교 심리학과 교수는 《12가지 인생의 법칙》에서 디즈니 애니메이션 '말레피센트'를 예로 들어 설명한다.

왕국의 왕은 오로라 공주를 외부의 장애물과 고난으로부터 보호하기 위해 온갖 애를 쓰지만, 결국 그것은 공주를 더 미성숙하고 불안하게 만드는 가속 요인이 될 뿐이다. 잠이 보호라면 성 속 은둔은 차단이다. 지하의 여왕 말레피센트는 '해로운'이라는 이름의 뜻처럼,

세상의 고통과 고난을 상징한다. 그로부터 온전하고 완전하게 공주를 막아낼 방법은 없다. 어차피 물레의 가시에 찔리는 것은 성장하기 위해 감수해야 할, 피할 수 없는 과정이다. 물레는 운명의 수레바퀴고 가시는 세상의 고난, 찔림은 성장의 고통을 의미한다.

피터슨 교수는 "과잉보호된 사람들은 오로라 공주처럼 실패나 실망, 적대감을 처음 경험했을 때 심리적으로 큰 타격을 입을 가능성이 크다. 그런 부정적인 감정에 대처하는 법을 배울 기회가 없었기 때문이다."라고 지적한다. 오로라 공주처럼 밀레니얼 세대는 외부로부터 보호와 보장을 받는 기획형 교육과 보호를 받았다.

이들이 늘 불안과 대비에 전전긍긍하는 것은 직접경험보다는 늘 간접경험을 통해 세상 공부를 하도록 한 영향도 있다. 사회라는 책에서 배우기보다 책 속에서 사회를 배우려 하기 때문에 아무리 준비해도 준비는 끝나지 않고 뛰어들 자신감은 생기지 않는다. 준비하지 않은 도전은 늘 두렵다. 변동이 심한 사회를 살면서 가장 확실한 대책만을 추구하려니 불안할 수밖에 없다. 미래를 가장 열심히 대비하지만 가장 불안해 하는 세대, 밀레니얼의 역설이다.

일단보다 끝단

#에피소드_인강 세대는 커리큘럼이 필요하다.

선배세대 "어떻게 연필 잡는 법부터 일일이 가르쳐줘야 아나? 일단 결과물을 가지고 와봐."(암묵지 세대)

MZ세대 "팀장님도 처음부터 팀장님은 아니었잖아요. 좀 알아듣기 쉽게, 반복해서 가르쳐주면 안 되나요? 우린 일단보다 끝단이 더 필요해요."(형식지 세대)

어느 대학병원의 수간호사는 주사약에 대한 설명을 여러 번 했는데도 후배가 못 알아들어 자신도 모르게 한숨을 쉬었다. 그러자 "그렇게 답답하시면 직접 하시든지요." 하는 대답을 들었다. 그는 동료에게 "이 정도면 하극상 아니에요?" 하며 푸념했더니 "하극상이란 말 자체가 꼰대스러운 생각이에요."라는 농담 반 진담 반의 대답이 돌아왔다며 쓴웃음을 지었다.

C팀장은 MZ세대들이 일을 너무 쉽게만 하려고 하는 점이 불만

이다. "왜 요즘 친구들은 일을 스스로 찾아서 하지 않죠? 몸으로 부딪혀가면서 도전하려는 '파이팅 정신'이 없어요." 선배세대는 어땠는가? 뭐라도 하나 배우려면 선배의 수발을 다 들며 어렵게 얻어야 했다. 그렇게 어깨너머 눈치코치 봐가며 배운 일이야말로 조직에서 살아남는 사회지능이고 산지식이라는 게 그의 생각이다.

한편 MZ세대는 그런 팀장이 답답하다. 지름길이 있는데 구태여 돌아가는 이유가 뭔가. 구글 지도 앱을 보고 가지, 왜 길을 잃고 헤매며 일부러 고생하는가.

암묵지 세대 vs. 형식지 세대

선배세대는 암묵지暗黙知 세대고, MZ세대는 형식지形式知 세대다. 암묵지란 인간이 머릿속에 담고 있는 지식이다. 반대로 형식지란 어떤 형태로든 외부로 표출된 지식이다. 즉 '암묵지가 문서나 매뉴얼처럼 외부로 표출돼 여러 사람이 공유할 수 있는 지식'을 말한다.

선배세대는 1대1 도제식으로 교육받은 세대다. 추상적이고 암묵적이다. 반면에 MZ세대는 어려서부터 인터넷으로 놀고 공부한 디지털 세대로 형식지 중심이다. '다시보기', '미리보기'를 통해 목적지를 더욱 분명히 하고 무한 반복이 가능하다.

온라인으로 공부한 MZ세대는 학습 선택에서 늘 주도적 입장이다. 학생이 강사를 선택한다. 샘플강의를 두루 맛보고 내 입맛에 가장 잘 맞는 강의를 선택했다. 선택의 주도권은 늘 학생이 쥐었고, 강사는 실력도 실력이지만 학생의 선호와 취향에 맞게 재미있게, 머리에 쏙쏙 들어오게 전달하는지가 중요하다.

반면 기존의 직장문화는 도제 스타일의 교육이 많다. 도제 시스템에서는 스승이 학생을 선택한다. 목차도 없고 진도도 스승 마음대로다. 인터넷 세대인 MZ세대는 매뉴얼이 있어야 이해가 된다. 이들은 '서당 개 3년이면 글을 읽고, 분식집 개 3년이면 라면을 끓이는 식'의 어깨너머 공부를 강조하는 도제식 교육이 불만스럽다. 오랜 시간을 참고 견디기가 힘들고, 묵히고 삭히고 새기는 것도 익숙하지 않아서다. 일정한 맛을 담보하는 레시피, 매뉴얼이 있어야 마음이 편하다.

실수 대처도 마찬가지다. 선배세대는 스스로 일일이 오답노트를 만들어 오답 유형을 파악했다. 반면 온라인 강의에 익숙한 MZ세대는 '오답 유형 강의'를 먼저 듣고 예방한다. 모험과 도전보다는 '시행착오를 최대한 줄이자'를 모토로 살아왔다.

조직에서 선배가 "일단 해봐. 해서 가지고 오면 봐줄게."라고 말하면, MZ세대는 "끝단을 먼저 보여주세요. 왜 같은 일을 두세 번씩 해야 하나요?"라며 '일단'이 세상에서 제일 싫은 단어라며 도리질한다. 자신의 능력에 대한 자부심이 크고 자신감이 강한 이들은 예견된 실수는 되도록 피하고 싶어 한다. 실수는 도전 의지를 키우는 게 아니라 꺾기 때문이다.

베이비부머 세대: 전지적 상사 시점, 무한 책임주의

베이비부머 세대는 일 돌아가는 이치, 경력관리를 '눈치'로 배웠기 때문에 후배세대에게도 같은 것을 기대한다. 도제 시대의 무술 수

런담이다. 한 제자가 산속으로 들어가 도사에게 무술을 가르쳐달라고 청했다. 스승은 무술은커녕 허드렛일만 시킨다. 그 사소한 일을 꾸준히, 그리고 성의껏 하다 보니 내공이 쌓여 고수의 경지에 이르게 된다. 일련의 시험 과정에서 싹수가 검증되면 그제야 스승은 제자에게 무술을 가르쳐준다.

이런 방식은 좋은 선배, 훌륭한 스승을 만나면 일취월장하지만, 궁합이 맞지 않거나 스승의 눈 밖에 나면 모든 게 꼬이는 '모 아니면 도'다. "직장에서 만나는 첫 상사가 평생 직장운을 결정한다."는 말은 도제 시스템의 특성을 반영한다.

X세대: 3인칭 상사 시점, 유한 책임주의

이전 세대에 비해 이들은 상대적으로 매뉴얼, 형식지가 익숙하다. 과거의 리더가 도사나 스승이었다면, 이들은 교사나 컨설턴트다. 베이비부머 세대가 자신의 경험치와 감정 상태에 따라 들쭉날쭉했다면, X세대는 나름 객관화되고 표준화된 경험과 지식을 전달한다.

"이렇게 하면 돼. 나는 이렇게 했더니 됐어. 자, 해봐." 하는 식이다. 그런데 한 꺼풀 벗기면 "책임은 네가 져."라며 거리를 두는 심정도 깔려 있다. 무한 책임은 지지 않겠다는 뜻이다. 이전 세대의 직장운이 상사에 의해 좌우된다면 이들 세대는 팔로워에 의해 좌우된다.

MZ세대: 각자 책임주의, 1인칭 구성원 시점

일을 가르치는 방식과 배우려는 태도가 세대별로 서로 다르다. 기성세대가 혀를 내두르고 고개를 절레절레 흔들게 하는 MZ세대의 질문들을 모아봤다. 이 질문들에 담긴 참 의미를 알아내는 세대 번역기를 돌려 현명하게 대처해보자.

"이 일을 어떻게 해야 하나요?"

쉬운 것, 같은 것을 여러 번 물어볼 때 선배들은 고개를 절레절레 흔든다. MZ세대는 "뭐든지 질문하라."고 할 때는 언제고 "그런 것도 모르나? 또다시 말해주어야 해?" 하냐며 선배세대가 일관성이 없다고 불평한다. 이들은 뭉뚱그려 전체적으로 받아들이는 데 익숙하지 않다. 온라인 강의를 생각해보라.

집중시간에 맞춰 쪼개고, 한 챕터에 하나의 메시지만 담는다. 쪼개서 구체적으로 이야기해주는 게 필요하다. 텍스트를 넘어 컨텍스트까지 이야기해야 한다. 일의 배경과 목적을 함께 설명해주면 대부분 이해한다.

때로 빈정거리는 질문을 하는 것 같지만 MZ세대의 진심은 그렇지 않다. 이들도 일을 잘하고 싶어 하는 것은 선배세대와 다르지 않다. 일의 목표를 자각하면 선배세대보다 훨씬 더 잘해내는 것만큼은 인정할 수밖에 없는 진실이다. 밀레니얼 직원이 1인칭 주인공 시점의 질문을 하는 것은 건방져서라기보다는 현업과의 관련성을 모르기 때문이다. 이들에게 필요한 것은 선배의 '메타 인지적' 시각이다. 즉 위에서 굽어보는 시점, 전지적 작가 시점으로 조망해주며 이 일을 왜 해야 하는지 설명해주면 좋다.

"이 일을 왜 해야 하는데요?"

일 자체가 싫다기보다 반복적이거나 지루해 보여서 하고 싶지 않다는 말의 우회적인 표현이다. 후배들에게 진지하게 조언하자. 사실 모든 일은 반복적이라고, 반복 없이 탁월함에 이르는 길은 없다고.

학습이라고 말하면 새로운 것을 배우는 것만을 생각한다. 그것 못지않게 중요한 것은 체화다. 학學이 새로움이라면 습習은 아기 새가 수백 번 날갯짓을 해 체화시키는 과정이다. 개인기는 기본기의 단련에서 나온다. 반복 없이 탁월함은 없다. 세상에 어떤 의사도, 예술가도 일상에서 지루한 일을 반복적으로 하지 않는 사람은 없다. 단련이 연단鍊鍛, 즉 단단하게 만드는 법이다.

단, 반복에도 성공적 반복과 실패적 반복이 있다. 안데르스 에릭슨Anders Ericsson 교수는 《1만 시간의 재발견》에서 의도적, 의식적 연습이 있어야 노력이 배신당하지 않는다고 밝힌다. 어린 아이들에게 피아노를 왜 가르칠까? 모두 피아노에 재능이 뛰어나서? 세계 최고의 피아니스트로 키우려고? 아니다. 지루함을 견디고, 반복 훈련을 창의적으로 해내는 힘을 길러주기 위해서다.

1만 시간 동안 연습해도 고수가 되지 못할 수 있고, 400시간만 해도 고수가 될 수 있다. 단순반복적 일이라도 어제와 다르게, 지난번과 다르게 하는 방법이 무엇인가를 고민함으로써 창의적인 일이 될 수 있음을 일러주는 것이 필요하다. 그런 태도가 직원들을 고수로 성장시킨다. 단언컨대 기본기 단련 없이 탁월해지는 일이란 세상에 없다. 사소한 것을 위대하게 하는 것이야말로 궁극의 창의성이다.

"이 일을 제가 할 수 있을까요?"

높은 성과를 내던 직원이 슬럼프에 빠져 좌절하는 모습을 지켜보는 것은 안타깝다. 자신감이 충천하는 후배일수록 본인에 대한 기대가 높아 좌절감도 깊다. 자신의 능력에 의문을 표하며 슬럼프에 빠졌을 때 위로만으로는 문제가 해결되지 않는다. 기본적으로 학습곡선은 나선형 혹은 계단식임을 알려주자. 좌절하고 있는 사람에게 무조건 "너는 할 수 있다." 식의 성공 주문은 오히려 자존감을 더 떨어트린다.

일을 반복하면 물리적 시간이 쌓이면서 실력이 급격히 향상된다. 모든 성장은 계단식이어서 한 번 올라가고, 또다시 부딪히기를 반복한다. 새로운 일에 도전해 부딪히는 자연적 단계이니 좌절할 것이 아니라 성장의 신호로서 환영할 만한 것임을 말해주자. "나도 그런 한계의 벽에 부딪힌 적이 있었는데…."라고 말하면서 경험담을 들려주는 것도 유용하다.

"이 일을 꼭 '해야만' 하는 것인가요?"

열심히 일했을 때 자신에게 어떤 성과가 돌아오는가를 묻는 질문이다. 성과 인정이야말로 가장 강력한 동기부여다. 김동인의 단편소설 '봄봄'처럼 마냥 미루거나, '첫눈이 오면' 식의 낭만적 언사로 나중으로 은근슬쩍 넘어가는 것은 통하지 않는다. 일의 성과를 적절하게 분배해야 한다. 그렇지 않으면 아무리 좋게 말해도 개고생, 노동착취라 생각하고 희생자 마인드를 가질 것이다.

그 일이 성장의 기회가 되도록 해주어야 한다. 마음속으로만 기특하게 생각하지 말고, 그가 거둔 성과에 담긴 의미를 가르쳐주고 작은 것이라도 보상해야 이들은 진정성을 느낀다. 승진이나 인사고과 반영까지는 힘들더라도 리더가 자신의 가용범위 내에서 교육기회 등 인센티브를 줄 수 있는 방안을 다양하게 고려해야 한다.

지혜를 전수하는 방식

	베이비부머 세대	X세대	MZ세대
교육	도제 방식	매뉴얼 티칭	상호 교류
멘트	"내가 하라는 대로 해."	"나는 이렇게 했더니 잘할 수 있었어. 너도 해봐."	"그냥 나답게 할래요."
시점	전지적 상사 시점	3인칭 관찰자 시점	1인칭 구성원 시점

문자 거부증 vs. 대면 울렁증

#에피소드_오프라인 예절 vs. 온라인 매너

베이비부머 세대 "어디 버릇없이 대뜸 문자를 해. 중요한 건 통화로 직접 설명해야지."

X세대 "내가 단체 채팅방에 지시를 자주 올리더라도 신경 쓰지 마. 내가 잊어버릴까 봐 생각날 때마다 그때그때 메모 삼아 올리는 거니까. 정말 급하게 연락할 것 있으면 전화 걸게."

MZ세대 "다짜고짜 전화부터 하는 사람을 보면 무례하다는 생각이 들어요."

선배세대는 오프라인 예절은 부지런히 챙기지만 정작 온라인은 대수롭지 않게 여긴다. 반면 MZ세대는 오프라인 의전은 생략해도 온라인 예절은 깍듯해야 한다고 생각한다. 누가 먼저 대화를 끝맺느냐, 부호는 무엇을 사용했느냐를 놓고 미묘한 신경전을 벌인다(141쪽 참고).

과거에는 온라인이 오프라인의 부속 마당이었지만 요즘은 반대다. 오프라인에선 무표정하고 무신경해 보여도 온라인에선 팔색조 공작처럼 다양한 표정, 심지어는 다중 자아로 여러 감정을 풀어낸다. 선배세대에겐 온라인이 밀실이고 오프라인이 광장이지만, 후배세대에겐 온라인이 광장이고 오프라인이 밀실이다.

대면력 vs. 서면력

국내 굴지 대기업의 S전무는 "사표를 카톡으로 내는 경우조차 있다."며 씁쓸해했다. K팀장은 팀원에게 보고를 받다가 "전무님이 읽씹(메시지를 읽기만 하고 답장하지 않음을 뜻하는 용어) 하셔서…."라고 하는데 '읽씹'이란 말을 못 알아들어 몇 번이나 되물은 웃픈 일이 있었다고 털어놓았다. MZ세대들이 좋아하는 패스트푸드 레스토랑에 가보면 사람이 응대하는 프런트는 텅 비었는데도 키오스크에 줄이 긴 경우도 많다. 그만큼 MZ세대는 비대면 소통을 선호한다.

조직에서 고객을 대할 때도 세대별로 차이가 난다. 베이비부머 세대는 직접 만나거나 통화를 해야 관계가 좋아진다고 생각한다. X세대는 관계의 경중에 따라 간보기를 하고 양해를 구한다. 통화를 하기 전에 사전 양해를 구한다. MZ세대는 어떨까?

미팅은 물론 통화는 되도록 피하고, 이메일이나 문자로 요지를 전달한다. 선배세대가 보기엔 전화 한 통이면 끝날 일인데 메시지를 여러 차례 주고받으니 답답하다. 기성세대는 직접 얼굴 맞대고 전달해야 일이 된다고 생각하지만 이들은 온라인으로 의도와 요청사항을 설명하면 충분하다고 생각한다. 기성세대는 밀레니얼에게 '대면력'이 부족하다고 비판한다. 반면 밀레니얼은 기성세대가 '서면력(書面力, 텍스트로 지시하고 보고 받는 등 업무 소통을 할 수 있는 능력)'이 필요하다고 말한다. 선배세대는 얼굴을 봐야 말이 나오는데, 밀레니얼은 보지 않아야 말이 나온다. 선배세대는 발바닥에 땀이 나도록 뛰지만, MZ세대는 손가락에 불이 나도록 키보드를 두드린다.

밀레니얼은 왜 온라인 소통을 선호할까?

밀레니얼 직원 K는 직장상사와 소통할 때 온라인을 선호하는 이유에 대해 이렇게 말한다. "대면보고를 하게 되면 지적받았을 때 표정관리를 못할까 봐 걱정돼요. 메일이나 문자를 통해 텍스트로 부족한 부분을 지적받으면 온라인으로 검색해 완성도 높은 대답을 할 수 있거든요. 하지만 대면보고를 하면 '자료 찾아 오겠습니다' 하면서 왔다 갔다 해야 하니 비효율적이지요."

온라인 의사소통은 보다 더 완벽한 모습으로 대할 수 있기에 선호한다는 대답도 있었다. '골디락스 효과'다. '너무 뜨겁지도 너무 차갑지도 않은 적당한 상태'를 의미한다. 이들은 대인관계에서 '너무 멀리도, 가까이도 아닌' 준비된 상태, 적절한 상황에서만 소통하고 싶어 한다.

MZ세대는 불가측성을 싫어한다. 느닷없는 보고나 채근은 질색이다. 반면에 온라인 보고는 자신들이 준비된 시간에, 준비된 자세로 임할 수 있고, 바쁜 일이 있으면 우선순위를 조절할 수 있다. 편한 시간을 선택해 지시사항을 열어보고 보고사항을 답할 수 있는 주도성

2장_"너님만 소중하면 소는 누가 키우나?"

면에서도 안정감을 준다. 또 한 가지 온라인 보고는 '증거'가 남는다. MZ세대 L은 이렇게 말했다.

"상사가 이렇게 저렇게 하라고 지시해놓고선 나중에 내가 언제 그랬냐고 하는 경우가 있어요. 네가 잘못 들었다고 말을 바꾸기도 하고요. 온라인으로 지시를 받으면 텍스트로 증거가 남으니까 나중에 오리발 내밀 때 '이렇게 말씀하셨잖아요.' 하고 근거를 대기가 쉬워서 의도적으로 온라인 지시를 은근히 유도할 때도 있어요. '외근 중이니 카톡으로 말씀해주세요' 하는 식으로요."

지시의 근거, 책임소재를 분명히 해서 억울한 일 당하지 않겠다는 의도도 깔려 있다. 이들에게 온라인 소통은 나름의 안전장치다. 최근엔 자율좌석제를 실시하는 조직이 많아져 예전처럼 한 부서가 같은 곳에 모여 있지도 않기 때문에 이래저래 대면소통은 힘들어지는 경향이다.

밀레니얼은 협업을 선호하지 않는다는 것에 대해 이렇게 반박한다. 기성세대가 디지털 네이티브의 온라인 소통을 이해하지 못했다는 것. "우리도 대면소통의 필요성을 충분히 인정해요. 하지만 모든 사람과 전 과정을 대면해서 소통할 필요는 없다고 봐요. 하나의 안건을 처리하기 위해 모든 사람이 한자리에서 만날 일정을 잡느라 여러 일을 포기하는 것이 더 비효율적인 것 아닌가요? 온라인 툴을 이용하면 서로 편한 시간에 소통할 수 있어요. 하나의 결과물을 함께 만들어내는 게 협업이지, 꼭 동시에 해야 협업인 건 아니잖아요. 이 방식이 우리에겐 더 빠르고 편합니다."

이들에게 협업이란 어깨동무를 하고 모두 한자리에서 함께 일하는 것이 아니다. 각자 자기가 맡은 일을 제대로 해내 역할과 성과를 레고처럼 조립하면 되는 게 협업이다. 함께 노동요를 불러야 흥이 난다고 생각하는 것은 농업사회의 사고방식이라고 생각한다. MZ세대는 디지털 네이티브이고 온라인 소통세대다. 어려서부터 텍스트, 글로 소통하는 법을 익혔다. 반면 선배세대는 글로 소통하는 법을 배우지 못한 게 사실이다.

온라인 소통법을 익히자. 비대면 업무가 보편화되는 만큼 리더가 온라인 텍스트로 소통할 수 있어야 한다. 예전엔 눈으로 구성원들을 둘러보며 관리, 감독했다면 이제는 눈에 보이지 않더라도 온라인에서 일의 성과와 프로세스를 파악할 줄 아는 안목이 필요하다. 그러기 위해선 귀신같이 일을 꿰는 업무파악 능력이 필수다. 텍스트로 지시를 내리고 보고를 받더라도 '부처님 손바닥 안에 있듯' 구성원을 살펴볼 수 있어야 한다.

멀티태스킹 후배, 일의 방식보다 성과에 집중해 코칭하자

팀원 J는 메신저 창을 한 번에 여러 개씩 띄워놓고 일한다. K팀장은 그 모습이 산만해 보이고 불안하기 그지없다. '저렇게 한꺼번에 여러 가지 일을 하다 보면, 정작 중요한 일은 제대로 집중하지 못하는 게 아닐까?' 싶다. 한번은 동료한테 보낼 메시지를 상사에게 잘못 보내는 실수를 저지른 적도 있었다. 그렇게 산만하게 일하지 말라고 말하고 싶지만 언제 어떻게 말해야 할지 고민이다. 당신이라면 어떻게 하겠는가?

　일단 현실적 한계를 받아들이자. 막고 싶다고 막을 수 있는 일은 아니다. 일부 회사에선 사내 네트워크로 SNS 접속을 막는 등 강제 차단 조치를 취했으나 대부분 실패했다. 어차피 스마트폰이 있기 때문에 완전히 차단하기는 힘들다. 성과에 영향을 미치는가를 면밀히 관찰해서 피드백을 주어야 한다. "프로젝트가 제 시간에 완수되었는가?", "품질이 만족할 만한가?"를 고려해 결정하라.

　성과에 나쁜 영향을 미쳤다면 당연히 지적해야 한다. 일하는 방식은 통제할 수는 없지만 결과물에 대해선 의견을 제시할 수 있다. 일이 늦어지거나 품질이 떨어진다면 이유를 분석하고 코칭할 필요가 있다.

MZ세대와 친해지려면 SNS를 활용해야 할까?

　SNS를 통해 직원의 마음 상태를 살펴 코칭, 상담 등에 활용할 것을 권하는 경우가 있다. 이런 방법은 정말 효용이 있을까? 심적 상태를 짐작해 대화에 활용할 수는 있지만, 본인이 그 사실을 안다면 싫어할 확률이 높다. 살폈다 하더라도 내색하지 않는 것이 좋다.

　MZ세대에게 사적 공간, 사적 영역의 확보는 선배세대가 생각하는 것 이상으로 중요하다. 심지어 이들은 웬만큼 친하지 않으면 전화번호, 이메일 주소도 가르쳐주길 꺼린다. 요즘 밀레니얼 직원의 명함을 보라. 대부분 핸드폰 번호가 없다. 새로 모임을 만든 후 선배세대는 단톡방을 만드는 게 기본 프로세스지만, 이들은 거부하는 경우가 많다.

X세대 팀장인 S는 단톡방에서 회의도 하고 지시도 내린다. 한 팀원이 프로필 이미지로 여행사진을 올렸는데 자신이 가본 곳이었다. "프로필 사진 배경이 코파카바나지? 나도 예전에 가봤는데 좋던 걸." 하고 말했다. 웬걸, 후배의 표정이 확 바뀌는 것을 보고 '아차, 내가 실수했구나' 했단다. 아니나 다를까. 그 팀원은 프로필 사진을 내려 버렸다. 그 후로 S팀장은 프로필 사진, 개인 SNS에 대한 언급은 일절 하지 않는다.

SNS는 밀레니얼 직원의 마음을 짐작할 수 있는 도구이지만 반대로 감시한다는 느낌을 줄 수도 있다. MZ세대는 같은 SNS에서도 다양한 페르소나를 가지고 각각 다른 모습으로 활동하거나 플랫폼별로 다르게 활동한다. 이는 조직 간 상하관계에서도 마찬가지다. SNS로 친구 신청을 했는데 받아주지 않는다고 섭섭해 하거나 회사 홍보물을 올려달라고 요청하지 말자. 그냥 프라이버시일 뿐이다. 고객응대 업무가 많은 밀레니얼 직원 M은 핸드폰 번호가 상대에게 알려지는 것보다는 불편하더라도 고객에게 연락할 때 꼭 유선전화를 이용한다. 유선보다 무선을 선호하지만 더 중요한 것은 프라이버시 보호다.

상사의 카톡 지시에 응대하는 '넵'에 담긴 심오한 의미와 미묘한 차이

넵	일반적으로 동료나 가까운 팀장급과의 소통에 쓴다. 친분이 있으나 위아래가 존재하는 경우에 주로 쓴다. 담백하고 깔끔하나 상황에 따라서는 무관심해 보일 수 있다.
넵!	팀장 이상의 차장, 부장 또는 중요한 클라이언트 등에게 쓴다. 느낌표는 충성, 단결, 필승과 같은 경례 구호처럼 '나는 당신의 말에 고감도로 반응합니다'라는 인상을 준다.
네엡	넵, 넵, 네엡의 순서로 쓰인다. 넵만 계속하면 단조로우므로 한 번 정도는 길게 빼주어 리듬감을 살리는 것이다. 3개의 음소로 이루어진 넵과 달리 네엡은 키보드를 5번 눌러야 하므로 거의 2배 가까운 노력과 정성이 들어간다.
넵~	'네엡'을 기호로 표현했다. 쉬워 보이지만 무려 특수기호를 누르고 물결을 찾아야 하므로 '네엡'과 동일한 정성이 들어간다.
네!	넵 병에 감염되지 않은 사회초년생임을 알 수 있다. 하지만 느낌표를 붙임으로써 그 예를 다했다. 무난한 방어 전략이다.

세대 유감 vs. 세대 공감

일머리를 키워주는 4가지 기술

#에피소드_공부머리와 일머리

선배세대 "요즘 친구들은 도대체 일머리가 없어요. 공부머리와 일머리는 다른가 봐요. 입 아프게 잔소리하면서 시키고 스트레스 받느니 내가 후딱 해치우는 게 편해요."

MZ세대 "얼마든지 물어보라고 해놓고선 물어보면 '아니, 아직 그것도 몰라? 지난번 말해줬잖아' 하며 잔소리하니 치사하단 생각이 들어요. 선배는 태어날 때부터 선배였나요, 뭐."

화려한 스펙을 보고 뽑았는데 왜 이렇게 일머리가 없느냐며 리더들의 한숨이 깊다. 과연 공부머리와 일머리는 다를까? 결론부터 말하면 다르다. 학교 교육, 특히나 우리나라 교육은 시험 위주 학과목으로 구성되어 있는데, 이것이 일하는 데 필요한 역량과 꼭 일치하지는 않는다.

요즘 워라밸 바람이 거세다. 진정한 워라밸은 일머리가 있어야 가능하다. 말귀를 못 알아들어 같은 일을 반복하며 삽질한다면 어떻게 행복할 수 있겠는가? 하루의 3분의 1을 직장에서 보내는데 매일 동료와 상사에게 폐 끼치는 걸 괴로워하면서 어떻게 워라밸이 가능하겠는가?

리더의 입장에서는 일머리 있는 인재를 더욱 공들여 육성하는 것이 우선과제다. 먼저 의지will와 역량can을 구별해 유형별로 대처해야 한다. 'will not'은 역량은 되는데, 일을 해내려는 의지가 부족한 경우다. 반면 'can not'은 잘해보고 싶은 의지는 있는데, 역량이 못 미치는 경우다. 이것을 네 가지 유형으로 나누면 다음과 같다.

삐딱이형: 일 시키면 삐쭉거리며 불평부터 한다

의지는 낮고 역량은 높다. 리더가 한마디 하면 열 마디 토 다는 빅마우스로, 일하기도 전에 안 되는 이유부터 늘어놓아 기운 빠지게 하는 스타일이다. 뺀질이로 변형돼 나타나기도 한다. 유관부서에서 업무요청을 받으면 무슨 일이든 난색이다. 그가 가진 능력과 자격이 대체불가해 다른 사람을 쓰기도 어렵다면, 삐딱하게 구는 진짜 이유가 무엇인가를 관찰해보라. 능력은 있는데 뭔가 불만이 있거나, 자신이 받는 대우가 성에 안 차서 그런 경우가 많다.

알고 보면 상사에게 인정받고 싶은 욕구가 지나치게 강한 게 원인인 경우가 의외로 많다. 나름 성과를 냈는데 제대로 인정을 받지 못해 섭섭한 것이 맺혔거나, 자신의 성과를 주위 프리라이더에게 빼앗긴(?) 아픈 경험이 그를 뒷골목의 험담 대장으로 만들었을 수 있다.

또는 혼자 성과를 내려는 욕심에 동료와 협업을 잘 못하는 경우다. 이런 삐딱이에겐 으르기보다 달래기가 효과적이다. 그의 강점이나 작은 것이라도 조직에 공헌한 것을 칭찬하라.

열심히 일하거나 조직에 도움이 되었을 때 즉각적이고 구체적으로 칭찬해주는 것이 좋다. 또한 그때그때 잘게 쪼개 피드백을 줘야 삐뚤어지거나 헤매지 않는다. 이들은 자존감을 회복하면 전보다 더 적극적으로 일한다. 가장 좋은 것은 인사고과에 협업 자체를 가점 요소로 삼는 것이다. 인사 시스템을 바꿀 수 없다면 이런 것이 눈에 뜨일 때마다 칭찬해주고 작은 보상을 주는 것도 방법이다. 냉혹한 성과주의와 불공정한 평가가 맞물릴 때 이런 유형의 직원이 양산된다.

곰탱이형: 열심히 하는 것 같은데 엉뚱한 결과를 들고 온다

의지는 높은데 역량은 낮은 이들은 일의 우선순위부터 가르쳐야 한다. 신중히 할 것과 신속히 할 것을 구분해서 지시한다. 상사는 한 가지를 시키지만 구성원은 층층으로 여러 가지 일을 한꺼번에 받는다. 무엇부터 해야 할지 몰라 쫓기다가 수습하지 못하는 경우도 많다. 무엇을 먼저 해야 하고 언제까지 해야 하는지 정확히 말해주자. 지금 하고 있는 일들을 물어보고 우선순위를 정리해주어야 한다.

둘째, 일의 목적과 방향을 말해주어라. 예를 들어 서울에서 부산으로 가는 방법은 여러 가지다. 최저 비용, 최소 시간 등 기준에 따라 최선의 방법은 달라진다. 그것을 말해주지 않고 제일 좋은 방법을 찾아보라고 하면 헷갈릴 수밖에 없다. 일을 시킬 때 이 보고서가 사장

보고용인지, 내부 회의용인지 그 목적과 용도에 대해 이야기해주면 구성원들도 이해가 빨라진다.

셋째, 원 포인트 레슨이 필요하다. 공은 열심히 차는데, 골이 들어가지 않는 직원은 어느 조직에나 존재한다. 성실한데 성과가 나지 않으면 본인도 힘들고, 보는 사람도 안쓰럽다. 이럴 경우, 리더의 원 포인트 레슨이 기대 이상의 효과를 발휘한다. MZ세대는 허점을 발견해 야단치는 것보다 자신들의 맹점을 가르쳐주는 레슨을 선호한다.

이때도 역시 잘게 쪼개 가르쳐주어야 한다. MZ세대는 수학이란 과목보다는 함수, 미적분 등 챕터별로 나눠서 공부한 세대다. 한 번에 이야기해주면 힘들어한다. 예를 들어 '고객서비스 교육'은 힘들어하지만 '고객응대 메일 잘 쓰는 법'은 한결 쉽게 받아들인다. 또한 '비즈니스 매너'는 어려워도 '협력사 미팅에서 명함 교환하는 법'은 쉽게 이해한다. 챕터별 마이크로micro 학습법으로 쪼개서 가르치면 의외로 쉽게 깨우칠 수 있다.

어느 대학병원 신입직원 교육에서 있었던 일이다. 집중도도 떨어지고, 학습시간도 내기 힘들다는 MZ세대에게 5분짜리 온라인 교육 프로그램으로 구성해 가르쳤다. 1시간짜리 강의보다 훨씬 효과적이었다. 전달방식과 채널을 바꾸는 방법도 고려해볼 필요가 있다.

나몰라형: 일이 적성에 맞지 않거나 태도가 교만하고 불량하다

이들은 의지와 역량이 모두 낮다. 인재육성에서 중요한 것은 적성, 역량에 맞는 업무를 매칭하고 배치하는 것이다. 토끼는 육지에서 잘 놀고, 거북이는 물에서 잘 논다. 그런 토끼에게 헤엄치라고, 거북이에게 빨리 뛰라고 해서는 서로 지치기만 할 뿐이다.

"회사일이라는 게 다 그게 그거라서 시키면 누구나 하게 돼 있다."고 생각하는 것은 리더의 착각일 수 있다. 세상에는 두루 잘하는 제너럴리스트도 있지만, 한 가지만 특출하게 잘하는 스페셜리스트도 있다. 제너럴리스트는 순환보직을 통해 자연스럽게 적성을 발견하고 역량을 발휘할 수 있지만, 스페셜리스트는 통합적으로 고려할 필요가 있다. 적성과 역량을 고려하는 것도 방법이다.

먼저 스스로 성찰하게 하라. 적성에 안 맞든, 능력이 모자라든, 부서에서 인정을 받지 못해 저성과자로 낙인찍히는 것은 슬픈 일이다. 이때 리더가 엄정하게 평가해 저성과자라고 낙인을 찍을수록 그 직원은 더 강하게 튕겨나간다. 데이터를 들이대며 '일머리 없는' 직원임을 인정하라는 것은 서로에게 백해무익하다.

나몰라형 직원이 화려한 스펙을 믿고 시건방 떠는 것처럼 보여도 마음속엔 '내가 진짜 일 못하는 사람이면 어쩌지' 하는 근원적인 공포가 있다. 그래서 그나마 자신이 잘했던 방식만 고집하며 일하기 쉽다. 이럴 때는 다양한 사고를 하도록 이끄는 것이 도움이 된다. 그가 고집하는 것에 대해 명확한 근거를 요구하고, 그 외의 방법은 없었는지 스스로 고민하도록 이끌어보라.

나불안형: 능력과 의욕이 높은데도 일에 대해 늘 불안해 한다

MZ세대는 중고교 시절 시험에서 1개만 틀려도 상대평가에 의해 내신이 몇 등급씩 떨어지는 '실패 리스크'를 경험했다. 동시에 공부만 잘하면 만사가 해결되고 우대받았다.

기성세대는 성적이 나쁜 것도 청춘의 낭만으로 여기는 객기가 있었다. 반면 MZ세대는 성적, 성과가 인생의 성패를 좌우했다. 중학교 때부터 소수점 하나에도 연연했고, 시험을 잘 봤어도 상대평가라 남들보다 처질까 봐 불안해했다. 이들은 성과가 잘 나도, 그것을 지속하지 못할까 봐, 다음엔 뒤처질까 봐 전전긍긍한다. 이런 그에게 "넌 할 수 있어!", "하면 된다."는 격려는 참으로 공허하다. 근본적으로 의미 있고 측정 가능한 목표와 프로젝트를 주어야 한다. 실력을 발휘할 기회를 얻어야 이들도 힘이 난다. MZ세대는 생색 안 나는 일은 기피하지만, 자신의 능력을 증명할 만한 도전과제는 환영한다.

이들 고스펙 불안형은 오류에 대한 두려움을 덜어주어야 한다. 이들은 미완성된 결과물, 불완전한 보고서를 상사에게 보여주는 걸 꺼린다. 그러다 마감시한을 놓쳐버리는 경우도 있다. 중간보고 시점을 명확히 정해 반드시 중간에 피드백을 주는 것이 좋다.

개인의 경력과 연결시켜 꿈을 주어라. 지금 이 일을 열심히 하는 것이 경력 개발, 몸값 상승, 인생에 어떻게 도움이 되는지 멘토 입장에서 알려주자. 몸값을 올리는 실제 비결을 일러주면 이들은 일의 머리부터 꼬리까지 알아서 잘해낼 것이다.

의지와 역량에 따라 다른 인재 코칭법

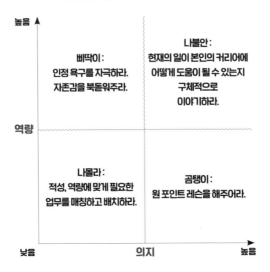

잡무에 대한 동상삼몽

#에피소드_업무 스트레스인가, 잡무 스트레스인가?

베이비부머 세대 "하나를 보면 열을 알지. 복사 하나에도 혼을 담아서 하는 사람이 성공하는 법이야. 나도 다 겪었어. 힘든 줄은 알지만 막내 들어올 때까지 조금만 더 참아 봐."

X세대 "잡무는 통과의례야. 나도 그랬어."

MZ세대 "잡무를 꼭 막내가 하란 법이 있나요? 외부 업체에 맡기거나 아르바이트 쓰면 되죠. 잡무 때문에 본 업무를 할 시간이 없어요. 경력에 도움 되는 것도 아닌데…."

온갖 잡일이 몰려 스트레스가 쌓일 때 조직의 막내들이 외치는 '소리 없는 아우성'이다. 선배세대는 "그까짓 소소한 일 하면서 무슨 엄살?"이라며 혀를 차지만 MZ세대는 '가랑비에 옷 젖는다'고 작은 일들이 모여 산더미가 된다고 울상을 짓는다.

잡무雜務의 사전적 의미는 '여러 가지 자질구레한 사무나 허드렛일'이다. 대체로 조직의 막내인 밀레니얼 직원들은 업무보다 잡무 스트레스가 더 크다고 말한다. "팀장님도 예전엔 막내였잖아요!"라고 외치고 싶다고 털어놓는다. "왜 이런 일까지 해야 하는 거지? 도대체 내 업무와 무슨 관계가 있지?" 하는 의문이 하루에도 수십 번씩 솟아오른다고 말한다.

누군들 막내 시절이 없었을까?

각 세대별로 추억 속 막내 경험담이 존재한다. 베이비부머 세대는 잡무가 근면성, 성실성을 테스트하는 시금석이라고 생각한다. 이들은 양적 축적이 질적 변환을 이뤄내듯 잡무의 축적이 업무 내공으로 발전한다는 선형적 사고를 갖고 있다.

X세대는 실무에 바쁜 현업 리더다. 이들 세대는 잡무에 의미를 부여하기보다 한 번은 거쳐야 할 통과의례로 본다. 귀찮지만 누군가 해야 하고, 직장생활에서 거쳐야 할 단계라고 생각한다. 잡무가 곧 업무력 향상으로 이어지진 않더라도 적어도 인내심을 길러주는 것은 분명하다고 생각한다.

베이비부머 세대와 X세대는 잡무에 대한 가치관도, 경험한 잡무 내용도 다르다. 베이비부머는 경리, 사환, 서무 등의 보조, 지원 조직이 풍부했던 환경에서 막내 시절을 보냈다. 잡무 부담이 다른 세대에 비해 상대적으로 가볍던 세대다. X세대 때부터 사무자동화와 관련된 일들이 비로소 업무에 편입되기 시작했다. MZ세대의 요즘 잡무는 어떤가? 주간보고 수합, 법인카드 전표정리, 회의 수발(회의자료 출력,

다과 준비), 부서 간 연락, 회식 예약 등 협업 관련 일이 이전보다 많아졌다. 사무자동화로 일이 줄기는커녕 늘었다.

IT기기 사용이 능숙하지 않은 선배세대의 일까지 보조해야 하는 경우도 많다. 예전과는 달리 대부분 조직에 사환, 경리, 서무 등의 사무보조 인력조차 없다. 게다가 경력직 채용이 늘어나고 경기 침체로 신입사원 모집이 줄면서 '막내 복무기간'도 길어졌다. 5년차 막내도 흔하다. 기간은 더 길어진 반면, 업무는 더 다양해지고 고도화된 셈이다. MZ세대의 3중고 잡무 스트레스는 여러 설문 조사에서도 나타난다.

최근 취업포털 사람인이 조사한 바에 의하면 직장인의 '나를 서럽게 하는 순간 워스트 5'에서 압도적 1위는 '잡다한 업무를 혼자 도맡아 할 때'(42.3%)였다. 취업포털 잡코리아가 직장인 1,135명을 대상으로 설문조사를 실시한 결과에서도 역시 직장인의 77.3%가 '근무시간 중 본업과 무관한 잡무 처리를 위해 시간을 허비하고 있다'고 답했다.

가장 하기 싫은 잡무 1위는 '상사 업무 수발 및 비서 노릇'(26.9%)이었다. '각종 메일 회신 및 전화문의 답변'(14.7%), '각종 비용·영수증 처리'(11.7%)가 2, 3위였다. 이어 '분기·반기·연간 업무 보고서'(11.3%), '회의용 보고서 및 회의록 작성'(10.6%), '사내, 팀 내 물품 관리'(9.9%), '회사 행사 참석'(5.0%), '거래처, 관계사 관리'(4.6%) 등도 귀찮고 진 빠지는 잡무로 꼽혔다. 직급별로는 대리급이 84.4%로 잡무 처리 비중이 가장 높고, 부장급 이상은 전체 응답군을 통틀어 가장 낮았다(64.6%). 직급에 따른 잡무 양극화 현상이라 할 만하다.

없앨 수도, 치울 수도 없다면 나누자

잡무는 살림처럼 조금만 안 하면 금방 표가 나지만, 아무리 잘해도 표가 나지 않는다. 다시 말해 커리어가 되지 않는다는 이야기다. MZ 세대는 일이 힘들어도 이력서에 한 줄 보탬이 된다면 참고 견딘다. 하지만 복사 1만 장을 기막히게 해냈다고 그걸 경력으로 쳐주는 회사가 어디 있는가? 그렇다고 잡무를 모조리 없앨 수도 없다. 모두 하기 싫어하지만, 누군가 하지 않으면 안 되는 이 일, 어떻게 해야 할까?

첫째, 잡무에 의미를 부여하자. 잡무에 대한 불만 이유 1위가 "왜 이 일을 해야 하는가?"에 대한 의구심이 들어서다. 의미를 진정성 있게 설명해주어야 원천적으로 해결이 가능하다. 지루한 과제들이 본인의 역량 개발, 팀과 조직의 목표달성에 어떤 의미를 가지는지 연관성을 설명해주자. 단, 주의할 것은 뜬구름 잡는 이야기 말고 당장의 성장, 본인의 업무와의 구체적 연결성을 말해주자.

예를 들어 복사를 하면서 자료의 내용을 읽다 보면 회사 내 각 부서가 돌아가는 이치를 파악할 수 있다. 회의록이나 보고서를 자주 써 보면 기본적으로 문서 작성 능력도 향상되고, 더 나아가 부서의 중점 프로젝트, 그리고 관련 부서와의 협력사항까지 파악해 '일잘러'가 될 수 있다. 또 회식 예약, 워크숍 준비가 번거롭지만 이를 통해 조직도에 없는 헤게모니(?)를 파악하고, 여러 부서에 두루두루 자신을 어필할 수 있다.

어느 IT기업의 B팀장 이야기도 참고할 만하다. 이과 출신의 프로그램 개발자들은 다들 회의록, 메일 보내기 같은 문서 작성 업무를 싫어한다. 이때 B팀장은 후배들에게 이렇게 조언했다. "당장은 업무와 관련 없어 보이겠지만, 이공계 사람에게 부족한 게 설득 능력이거든. 그런데 문서 작성 업무의 목적이 상대방을 이해시키고 설득하는 거잖아. 나중에 독립해서 투자자들에게 프로젝트 프레젠테이션 할 때 큰 도움이 될 거야."

대체로 조직의 막내는 업무나 관계를 복합적으로 심도 깊게 보는 안목이 부족하다. 이때 잡무에서 발생할 수 있는 부가적 이익에 대해 곤충의 눈(조직을 다각적으로 보는 눈), 새의 눈(조직에서 집중적으로 추진하는 일의 방향을 보는 눈), 물고기의 눈(업계의 전체적 트렌드를 보는 눈)의 '3안眼 안목'을 알려주자. 잡무에 대한 의식도 전환시킬 수 있다.

둘째, 일을 치워주고 나눠주자. 막내들은 잡무가 많은 것보다 '나 혼자 일 덤터기를 쓴 것 같은' 불공정함에 대해 더 억울해한다. 심지어 "내가 이런 일 하려고 들어왔나?" 생각하며 자괴감마저 든다. '이럴 거면 토익 점수 말고 복사 능력 테스트나 하지' 하고 심통을 부리기도 한다.

중견기업에서 중간관리자로 일하는 K팀장은 말한다. "결국 누가 고양이 목에 방울을 달 것인가? 궂은일을 누가 할 것인가로 귀결된다. 예전엔 애매한 일, 경계가 불분명한 일, 인수인계 시에 벌어지는 일은 막내에게 몰아주었는데 이젠 거부하기 때문에 빚어지는 현상이다. 불합리한 줄 알면서도 관행이라고 여겨 잡무를 몰아준 게 잘못이었다."

그는 부서에 "엉덩이가 가벼운 선배가 되자."는 모토를 내걸고 스스로 실천하려고 노력하니 분위기가 한결 부드러워졌다고 털어놓았다. 관행 운운하기보다 난이도에 따라 일을 분담할 방안을 검토했다. 처음 시키는 일이면 업무별로 선배와 팀을 짜주는 것도 좋은 방법이었다. 일하다가 막혔을 때 물어볼 사람, 지원할 선배를 정해 막막함을 없애주기만 해도 한결 부담감이 줄어든다. 기본적으로는 n분의 1로 나누려는 사고가 필요하다. 유치원 때부터 배운 '혼자서도 잘해요'는 선배세대에게도 필요한 교훈이다.

셋째, MZ세대에게 아이디어를 구해보자. 잡무를 효율적으로 처리하는 좋은 방법이 나올 수 있다. 또한 잡무를 시키더라도 사전에는 부탁 형식으로, 도중에는 인정해주고, 사후에는 감사를 표하자. 잘한 것이 눈에 띄면 그때그때 칭찬하자. 잡무일수록 리더가 '수고하고 있음을 안다'는 것을 표현하는 게 중요하다. 재미있어 보이고 폼 나는 일이면 그 자체만으로도 충분히 자발적으로 동기부여가 된다. 하지만 지루한 일을 반복해야 하는 잡무는 감사와 인정이란 외적 동기부여가 반드시 필요하다.

야단을 피드백으로 업그레이드하려면

#에피소드_후배를 야단쳤다.

선배세대 "제대로 야단맞아본 적 없구나? 그냥 말했을 뿐인데 이게 무슨 야단이야."

MZ세대 "그게 어디 그냥 말이에요, 화풀이지. 내가 잘못했다는 생각은커녕 반발심만 드는 걸요."

중견기업에 다니는 L팀장의 이야기다. 후배 직원의 거듭되는 실수와 태도 문제를 지적하다가 부서 이동에 대한 이야기까지 나왔다. 해당 직원이 자성은커녕, 반성하는 시늉도 없이 이렇게 말했다. "팀장님, 지금 하시는 말씀이 팀장님의 개인 의견만은 아니지요? 제가 지금부터 녹음해도 되겠습니까?" L팀장은 쓸쓸함을 넘어 쓸쓸했다고 털어놓았다.

야단은 직장 내 괴롭힘인가? 직장 내 괴롭힘 방지법이 실시되며 조직마다 비상이 걸렸다. 선배세대는 말 한마디 할 때마다 자기 검열을 하게 된다고 한다. 일본의 한 대학에서 졸업을 앞둔 학생들에게 '야단맞는 법'에 대한 강의를 열어 화제가 됐다. 학생들이 어렵게 취업했다가 상사에게 야단맞고선 존재를 부정당하는 기분이 들어 퇴사를 결심했다는 말을 듣고 조직 적응법을 알려주기 위해 마련했다는 것. 그만큼 야단은 밀레니얼에게 조직 적응에서 중요한 이슈다. 야단맞기에 굳은살이 박인 선배들로선 더욱 신경이 쓰일 수밖에 없다. 상처 주지 않으면서 제대로 지적하려면 어떻게 해야 할까? 이런 고충에 공감한다면 외식사업가 백종원 씨의 피드백 화법을 참고하자.

백종원 씨의 화법에는 계란유골鷄卵有骨, 즉 부드러운 지적 가운데 알맹이가 있다. 백 씨는 지역 특산물로 신 메뉴를 개발해 유동인구가 많은 휴게소에서 선보이는 프로그램에 출연했다. 그때 주방에서 그가 구성원들을 진두지휘하는 모습을 보고 무릎을 치며 감탄했다. 구성원들이 한 가지씩 메뉴를 맡아 만들어 내보내는 임무를 수행하고 있었는데 그중 1명이 유독 더뎠다. 표고덮밥을 맡은 그의 요리만 지체되니까 손님이 밀리고 불만이 폭증했다. 이럴 때 당신이 리더라면 어떻게 대처하겠는가? 보통은 느러터진 그에게 다른 일을 시키거나, 잘하는 구성원을 교체 투입하거나, 리더가 직접 나서며 호통치는 것을 생각해볼 수 있다. 백종원 씨는 그렇게 하지 않았다.

먼저 구성원이 일하는 프로세스를 관찰했다. 일머리가 없어 헤매는 직원이라면 일단 막힌 곳, 엉킨 곳을 풀어주는 게 먼저다. 시정할 방법을 새로 덧붙이기보다, 없애야 할 것들을 가르쳐주었다. 이 프로그램을 하는 목적을 일러주었다. 완성도 높은 음식으로 매상을 올리기보다 특산물 홍보를 위한 목적이라고 말이다. 목적을 알면 중점을 두는 포인트가 달라진다. 시간과 인력 부족이라는 같은 조건 아래에서 일머리를 깨우쳤더니 그 구성원은 곧잘 따라왔다.

리더란 관찰을 통해 개선점을 찾고, 효과적으로 일할 수 있도록 피드백 하는 사람이다. 그럼에도 불구하고 피드백을 주는 과정에서 충돌이 생긴다. '야단맞기를 밥 먹듯' 하며 살아온 기성세대는 그깟 게 야단 축에나 드느냐고 말한다. 반면 가정에서도, 학교에서도 인권을 중시하고 체벌 한 번 받지 않고 자란 MZ세대는 작은 야단에도 인격을 모독받는 느낌이 들었다고 호소한다. 야단 인지認知 감수성의 정도가 다르다. 각 세대의 야단의 추억을 먼저 살펴보자.

결론과 코드

베이비부머 세대에게는 야단이 '혼이 쏙 빠지는', '얼차려'와 동의어였다. 상사에게 실컷 혼나고 나서 출구를 찾지 못해 "나가는 문이 어디냐?" 하고 물으며 더듬더듬 나갔다는 전설이 낯설지 않은 세대다. 영화 '친구'에서 교사가 체벌하기 전, 팔목 시곗줄을 푸는 것으로 선전포고를 하듯 "까라면 까."의 일방적 호통이 대세였다.

비온 뒤에 땅 굳어진다는 식, 믿으니까 야단친다는 역설이 통했다. 야단의 메시지는 "네 죄를 네가 알렸다."만으로 충분했다. 효과적 야단의 핵심은 뒤끝이 없도록 풀어주는 것이었다. "널 믿으니까, 너는 요직을 맡을 사람이고 내 사람이니까 야단친다."며 어깨를 두드려주면 그만이었다. 요컨대 야단에서 중요한 것은 결론conclusion과 코드 cord 맞추기였다.

동감과 삽질

X세대는 윗세대, 아랫세대를 모두 수용해 다양성을 가지고 있는 게 장점이기도 하지만 개성이 없는 것처럼 보이기도 한다. 베이비부머 세대가 야단 맹신론자라면 이들 세대는 체질적으로 야단과 호통이 힘들고 실제 효용이 없었다고 고백한다. 이전 세대의 악당 야단 방식에는 반대다. 이전 세대의 야단 결점이 갑질이라면 X세대의 야단 문제점은 삽질이다. 결론 없이 어정쩡한 동감compassion을 깔고 지적하다 보니 솜방망이 야단이 되기 쉽다.

X세대 중 악당 야단형이 있다면 베이비부머 세대와 달리 배신의 상처(?) 때문에 변화한 경우가 많다. 즉 과거에는 따뜻하게 공감하며 나름 인내심을 갖고 기다렸는데, 구성원들이 변화를 보이지 않고 오히려 악용하는 일이 벌어져 상처받고 전략을 바꾼 것이다.

솔직과 맥락

리더들은 MZ세대에겐 야단치기가 힘들다고 한다. 울까 봐 크리넥스 한 통은 필수라고도 한다. 다들 '불면 날아갈까, 만지면 부서질까' 금지옥엽 자라난 유리멘탈이라서 그럴까? 하지만 막상 밀레니얼과 대화해보면 이들은 오히려 안티 프래질(anti fragile, 스트레스에 더 강해지는 특성)인 경우도 많다.

상사의 야단이 논리에 맞지 않다고 생각하면 한 귀로 듣고 한 귀로 바로 흘린다. 상사를 무서워하기보다 우스워한다는 게 더 정확하다. 1989년 전교조가 창립되면서 체벌 금지, 평등 교육을 주창했고, 이것은 각급 학교에 크고 작은 변화를 가져왔다. MZ세대는 그 변화를 온몸으로 겪은 세대다. 학생 인권 조례 제정을 통해 체벌이 폐지되는 등 교내 민주화가 확산됐다. 이들 세대부터는 체벌이 사랑의 매냐 아니냐는 논의 자체가 무의미해졌다. 이들 세대에겐 '꽃으로도 때리지 말라'가 진리다.

이들이 야단에서 요구하는 것은 솔직함candour이다. 감정, 변명 빼고 팩트만 짚어 간결하게 지적하라. 부당한 것도 거부하지만 지나친 것도 이들은 문제시한다. 무엇을 어떻게 고쳐야 하는지, 그것을 잘하거나 못했을 때 어떤 영향을 미치는지 코스course를 그려서 보여주는 게 좋다. MZ세대는 구체적인 지적 없이 "별로야.", "다시 해 와." 같은 막막하고 알맹이 없는 말을 싫어한다.

그렇다면 어떻게 야단쳐야 할 것인가? 갑질 야단 외에 다양한 종류의 야단이 존재한다. 올바른 야단법을 배우기에 앞서 원초적 야단, 혼잣말 야단, 젖은 안개형 야단 등 6가지 야단은 당장 멈추자.

6가지 금기 야단

첫째, 고성을 지르는 원초적 야단형이다. 이유도 말해주지 않고 결과만 가지고 야단치는 유형이다. "이런 쓰레기 같은 것 만들어오지 말랬지?" 처음 화를 낼 땐 무서워할지 모르지만 나중엔 '개는 짖어도 기차는 간다'며 무신경해진다. 한 밀레니얼 직원은 "야단 레퍼토리가 시작되면 '이 또한 지나가리라' 하며 흘려듣는다. 심지어는 꾸벅꾸벅 졸 때도 있다."고 고백한다. 무엇을 어떻게 해야 할지도 이야기하지 않고 소리만 고래고래 질러봐야 리더의 목만 아프고 구성원의 야단 내성만 강해진다.

둘째, 혼잣말 또는 험담형 야단은 스펙이 좋은 리더의 경우 특히 유의해야 한다. 이들은 독백이나 소문을 이용해 스리쿠션으로 야단치는 경우가 많다. 갑질 야단보다 더 기운 빠지게 하는 제3자 우회형 야단이다. "직원들 다 바꿔야지. (이런 애들과 일하려니) 힘들어서 못해먹겠네.", "마음에 드는 직원이 하나도 없어." 등등 꼭 목소리를 높이지 않더라도 혼잣말처럼 중얼거리거나 옆 부서 동료에게 팀원을 험담했다는 이야기를 들으면 직원들은 힘이 빠진다. 조직의 수준은 곧 리더의 수준이다. 구성원의 실수가 아닌 전체적 수준을 탓하는 것은 리더 자신의 얼굴에 침 뱉기임을 명심하라.

셋째, 핑계식 야단이다. 야단치는 게 부담스러워 상부, 본부의 지시임을 강조하는 우회식 핑계 야단이다. 그러다 보니 무엇을 잘못했다는 것인지 알아듣기 어렵다. 구성원이 리더에게 기대하는 것은 따뜻한 휴머니즘보다 빠른 결단과 정확한 지적이다. 착한 리더 콤플렉스에 빠져 엉뚱한 길로 가지 말라.

넷째, 젖은 안개형 야단은 야단인지 칭찬인지 정체가 모호하지만 찜찜한 기분이 오래 간다. 가령 밑도 끝도 없이 "자네, 대리 때까진 정말 일을 잘했는데 말이야." 하는 말을 던지는 것이다. 듣는 사람은 대리 때 뭘 잘했다는 것인지, 그 이후 승진해서는 뭘 잘 못하고 있다는 것인지 헷갈릴 수밖에 없다. 승진 이후 기대에 못 미친다는 생각이 들면, 이전과 달라져야 할 점은 무엇인지를 솔직하게 지적해주자. 오리무중 야단은 고성을 날리는 원초적 야단보다 머리를 더 복잡하게 만든다.

다섯째, "우리 때는 그렇게 일 안 했어.", "요즘 젊은 사람들이랑 일하기 너무 힘들어. 다들 제멋대로야."라고 말하는 푸념형 야단이다. 이런 야단은 MZ세대의 반발만 산다. 선배세대와 후배세대를 비교해서 편먹기 식으로 야단을 치면 "그렇게 잘하면 혼자 하시지." 하는 험담을 들을 수 있다. 그때는 그랬고, 지금은 아니다. 선배세대가 잘하는 점도, MZ세대가 잘하는 점도 다르다. 과거 열정 가득하고 성실하게 일했던 것으로 기억하는 본인과 기성세대의 자화상은 사실이 아닌 기억 편집일 가능성이 높다.

여섯째, "네 죄를 네가 알렸다." 식으로 코너로 몰아대는 각서식 야단이다. 이보다는 반성문식 야단이 낫다. 각서와 반성문의 차이는 스스로 돌아볼 여지를 주느냐 아니냐다.

야단은 출금, 칭찬 입금으로 계좌부터 채워라

잘못에 대한 지적은 리더의 권리가 아닌 의무다. 성장을 중시하는 리더가 되기 위해서도 야단의 정석을 익힐 필요가 있다. 야단이란 말도 바꿀 필요가 있다. 좀 더 중립적인 표현은 피드백이다. MZ세대가 합리적 피드백을 갈구한다는 점을 활용하라. 실수에 대한 부정적 피드백을 제때 해주지 않을 경우, 그것 자체를 용인 혹은 지지로 착각할 수 있어 더 큰 파국을 가져온다. 선배세대가 착각하는 것은 밀레니얼에게 무조건 야단을 치지 말아야 한다고 생각하는 것이다. 천만의 말씀이다. 야단 자체가 아닌 야단의 자격 문제다.

먼저 중요한 것은 계좌 입금이다. 야단이 출금이라면 칭찬은 입금이다. 출금을 하려면 통장에 돈이 들어 있어야 하는 것처럼 지적을 하려면 관계 통장에 칭찬이 쌓여 있어야 한다. 어림잡아 칭찬 5번에 야단 1번 정도가 적당하다. 내 말이 옳다고 해서 대뜸 지적만 하면 아무리 명약이라도 무효. 잔고가 없다는 것을 눈치 채지 못하고 지적만 남발하면 마이너스통장을 넘어 깡통계좌가 될 수 있다. 옳은 소리만으론 부족하다. 지적을 받아들이게 하려면 '내 상사가 나를 알고, 나를 위한다'는 신뢰가 전제되어야 한다. 평소 칭찬 입금이 필수인 이유다.

다음으로 중요한 것은 '맥락'이다. 전체적인 배경에서 무엇이 문제고, 뭘 잘못했는지 구체적으로 교정해줘야 한다. 일벌백계, 재발방지를 위해 틀린 것은 따끔하고 엄중하게 야단쳐야 한다. 단, 야단치기 전에 스스로 물어보라. 직원에게 일부를 수정하란 것인지, 조금만 보완하면 된다는 것인지, 다 갈아엎으란 것인지. 리더 자신부터 무엇을 지적하고자 하는지를 명확히 해야 구성원도 알아듣는다.

또한 리더도 직언을 받아들이는 모습을 보이자. 야단이 선배가 후배에게 하는 조언이라면, 직언은 후배가 선배에게 하는 조언이다. 직

2장_"너님만 소중하면 소는 누가 키우나?"

원의 야단 수용은 리더의 직언 수용도와 비례한다. '야단'이 성장을 위해 필요한 소통수단인 것처럼 상사도 리더십을 발휘하려면 후배의 직언을 수용하는 태도를 보여야 한다. 불편한 직언을 경청하면서 리더는 부정적 피드백에 대한 팔로워의 심정을 체험할 수 있다. 직언을 성숙하게 받아들이지 않는 리더의 야단은 효과가 없다.

몇몇 밀레니얼 직원과 '마땅한 지적을 불편하게 듣지 않으려면 어떻게 해야 할까'에 대해 이야기를 나눴다. 쉽게 생각하도록 어린 아이에게 채소 먹이는 것에 비유해 물었다. 여러 가지 방법이 나왔다. 다져서 동그랑땡을 만들거나 갈아서 주스로 먹이는 등등. 그중 가장 호응이 높았던 것은, 어른이 먼저 채소를 맛있게 먹는 모습을 보여야 아이도 따른다는 것이었다. 리더의 지적도 마찬가지다. 리더도 잘못했을 때는 수용하고 시정하는 모습을 보여야 야단의 풍토가 성숙될 수 있다.

참고로 하나 덧붙이자면, 상대에 대한 기대치를 언급해주자. 예를 들면 "자네답지 않게….", "자네가 그럴 사람이 아닌데…." 등의 말을 하는 것이다. '자네가 이번 일은 실수했지만 큰일을 할 능력 있는 사람이다'란 기대감을 표현해주자. "자네는 이런 장점을 갖고 있으니 이것만 보완하면 더 좋아질 거야." 하는 식으로 강점을 부각시켜줄 때 효과가 크다.

야단의 추억

	베이비부머 세대	X세대	MZ세대
야단의 기준	결론, 코드	동감	진솔함, 맥락
상용 어구	"네 죄를 네가 알렸다.", "내가 믿는 사람이니…."	"나도 이렇게 말하고 싶지는 않은데…."	구체적 지적과 지시, 상사의 지원
야단 인식	얼차려, 야단 맹신	야단 불신	피드백, 조언

뼈 때리는 조언인가, 그냥 잡뼈 잔소리인가

#에피소드_ 잔소리와 조언의 차이는?

베이비부머 세대 "살다 보면 피가 되고 살이 되는 말이야. 자네에게 도움이 될 거야." (잔소리 전주곡)

X세대 '말해본들 무슨 소용이 있겠니.' (속으로 혼자 생각)

MZ세대 "잔소리는 살을 때리고, 조언은 뼈를 때려요. 다 똑같으니까 노터치요."

한 TV 예능 프로그램에서 초등학생에게 충고와 잔소리를 어떻게 구분하느냐고 물었다. "잔소리는 왠지 모르게 기분 나쁜데 충고는 더 기분 나빠요."라는 대답이 폭소를 끌어냈다. 한 밀레니얼 청년은 조언에 대해 "몰랐던 데다가 맞는 말인데 그냥 인정하기 싫어서 짜증이 더 나는 것"이라고 풀이했다. 결국 유익하든 무익하든 상관없이, 끼어드는 이야기는 모두 기분 나쁘다는 말이다.

헬리콥터 부모보다 더 무섭다는 헬리콥터 상사는 늘 "인생은 꽃길이 아니고 가시밭길이라고 강조하지 않았느냐?"고 겁을 준다. 그러면 MZ세대는 "잔소리로 꽃길 깔아주지 않아도 되니 잔소리 안 듣고 가시밭길 기꺼이 갈게요." 한다. 조언과 잔소리의 차이가 뭘까? 송신자, 수신자, 스피치 기법의 3가지 면으로 나뉜다.

첫째는 조언을 듣는 입장, 수신자 관점에서 살피는 것이다. 먼저 내가 도와달라거나 말해달라고 청했을 경우는 조언, 그렇지 않았을 경우는 잔소리란 의견이다. 또는 수신자의 인지 여부, 즉 이미 알고 있는 건데 다시 한 번 환기해준 것은 잔소리고, 모르던 것을 새롭게 알려주는 것은 조언이다. 늘 자잘하게 평소에 이야기하는 거면 잔소리지만, 어느 순간 훅하고 크게 들어오는 것은 조언이다.

똑같이 모르던 것을 일깨워주는 조언이라도 유익할 땐 감사하지만, 알아봐야 실행 가능성이 없어 좌절시켜 짜증 난다. 대부분 조언은 좀 긍정적 의미로, 잔소리는 부정적 의미로 쓰이는데 그 반대의 의견도 있다. 잔소리는 사고 친 이후이기 때문에 들어 마땅하다는 생각에 그냥 넘기지만, 조언은 '아직 해보지도 않았는데 왜 미리 참견이지?' 하며 반발심을 표할 수도 있다.

둘째는 송신자의 입장이다. 우선 강제성 여부다. 꼭 내 말을 들어야 한다고 찍어 누르는 것은 잔소리지만, "이건 내 의견일 뿐인데…." 하면서 최종 수용 여부는 상대방이 결정하도록 존중하는 것은 조언이다. 별것 아닌데 답답해 하는 것은 잔소리, 저렇게 하면 큰일 나는데 하며 답답해 하는 것은 조언이다. 성공한 사람이 하면 조언이지만 자기 앞가림도 못하는 사람이 위해준답시고 하는 말은 잔소리란 의

2장_"너님만 소중하면 소는 누가 키우나?"

견도 있다.

셋째는 말투와 기법으로 가르는 것이다. 차근차근 알아듣게 설명하면 조언이고, 화풀이하듯 혼자 떠들면 잔소리다. "아하!" 하고 감탄사가 나오면 조언이고, "하아~ㅁ" 하고 하품이 나오면 잔소리다. 잔소리는 말투가 기분 나쁘고, 조언은 팩트 폭격, 즉 다 옳아서 기분 나쁘다.

결론부터 말하고 근거가 따라 나오면 조언이지만, 잘못한 행동을 한참 나열하다가 마지막에 결론을 이야기하면 잔소리다. 성공하도록 돕기 위해 이야기하면 조언이지만 실패를 지적하기 위해 이야기하면 잔소리다. 또 조언은 사전예방용, 잔소리는 사후약방문이라는 의견도 재미있다.

요컨대 순기능보다는 역기능이 많은 게 잔소리고 조언이다. 이렇듯 저렇듯 귀에 쓰니 되도록 하지 말란 이야기다. 조언과 잔소리를 듣기 싫어하는 것이 어디 MZ세대뿐이랴. 선배세대 역시 마찬가지였다. 그 옛날부터 "쓴소리는 몸에 유익하다."고 마르고 닳도록 강조한 이유가 뭐겠는가? 그만큼 고깝고 짜증 나기 때문이다.

다만 예전 젊은이들은 듣는 시늉이라도 했지만 요즘은 대놓고 싫다고 말하기 때문에 선배세대들이 이제야 자각한 것뿐이다. 이들은 기성세대의 빤한 위로와 짠내(?) 나는 조언도 귀찮다.

"꼭 지키면 될 것만 지적하면 안 되나요? 우리도 다 큰 성인이에요. 같이 일하는 동료로 대접해주세요. 만일 제가 선배님께 '매일 아침에 출근해서 책상정리부터 하고….' 잔소리하면 어떻겠어요? 우리도 마찬가지예요."

"말은 옳더라도 얼굴 표정이 싫어요."라는 대답도 많다. 풀어 말하면 제도는 인정하지만, 문화가 불편하다는 이야기다. 이런 반응이 돌아올 때 선배세대는 당혹스럽다. 그럼 입도 뻥긋하지 말란 말인가? 잘못되더라도, 내 눈앞에서 물에 빠지는 것을 보더라도 팔짱 끼고 지켜만 보란 것인지 반문하고 싶다. 그것이야말로 직무 유기가 아닌가?

솔직히 하나하나 지적하자면 지금의 백배, 천배는 더 했겠지만, 몸에 사리가 생길 지경으로 참고 참아 묵언수행한 끝에 나온 한마디다. 그런데 그걸 가지고 잔소리, 유사 위로라니 내심 억울하다. 좋은 의도와 경험은 전하되, 잔소리란 지청구는 듣지 않는 어른의 화법은 무엇일까?

결국 상사에게 하는 직언이든, 후배에게 하는 조언이든 싫은 소리는 싫은 소리다. 후배에게 말해서 먹히는 사람들의 대화법을 보고 배우는 게 상책이다. TV 예능 프로그램에서 세대 불문, 어른 화법으로 주목할 만한 리더는 배우 윤여정 씨다. 70대의 노년이지만 그는 20, 30대 후배들과 어울려 넘치지도, 모자라지도 않는 어른 화법을 보여줬다. 그의 화법을 살짝 엿보자.

첫째, 선배세대라고 하나라도 더 알아야 하고, 알려줘야 한다는 의무감에서 벗어나자. 윤여정 씨는 "60살이 되어도 몰라요. 이게 내가 처음 살아보는 거잖아. 나도 67살이 처음이야.", "아플 수밖에 없고 어떻게 내가 계획을 할 수가 없어. 그나마 조금 하는 것은 하나씩 내려놓는 것, 포기하는 것, 나이 들면서 붙잡지 않고."라고 말해 인생의 아픔과 나이는 별개라고 말한다. 자신도 모른다는 것을 전제, 자연스럽게 대화하고 수평적 소통을 한다. 출연진 중 연장자라고 나이를 앞세우거나 충고하지 않고 후배들과 '진짜 대화'를 나눈다.

진짜 대화란 주고받는 대화다. 당신이 정 참견하고 싶다면 후배들의 참견도 들을 줄 아는 개방적 자세를 갖춰야 한다. 선배의 세월이 무조건 정답만은 아닐 수 있다는 여지를 보여주는 것, 그것만 표현해도 대화가 달라진다.

잔소리 화법보다 어른 화법으로 말하라

첫째, 허점 색출보다 맹점을 보완해줘야 한다. 허점 색출은 잘못한 점을 찾아내는 것이다. 반면 맹점 보완은 못 본 부분, 빠진 부분만 살짝 일깨워주는 것이다. 잠복근무를 하고 있다가 교통규칙을 위반했다고 범칙금 딱지를 떼는 것이 전자라면, 사고다발 지역을 미리 일러주고 사고방지 요령을 사전에 알려주는 것은 후자에 해당한다.

MZ세대가 선배세대의 말에 무조건 귀를 막는 것은 아니다. 그들이 목마르게 바라는 것은 지적이 아니라 지원이다. "틀렸다."고 질책하기보다 "무엇을 도와줄까?"라고 말해보라. 이때 진정한 인생 선배로서의 위엄이 선다. 맹점을 보완해줄 때 비로소 긍정 바이러스를 퍼뜨릴 수 있다.

둘째, '기승전'으로 끝내라. MZ세대는 디지털과 외국어 실력 등 기술적 역량에서 선배세대보다 훨씬 낫다. 많은 선배세대가 요즘 입사시험을 봤다면 뒷문 입사도 힘들었을 거라고 고백한다. 엑셀이나 파워포인트, 자료검색 등 여러 가지 기술적 면에서 MZ세대에게 부탁할 일이 많다. 처음 한두 번은 지시이지만 나중엔 청탁이다. 선배세대는 민망함을 가리기 위해 잘했다는 멘트 뒤에 "이런 지엽적 기술, 패션fashion 말고 열정passion, 진짜 일도 이만큼 잘하면 오죽 좋니?"라고 사족을 붙인다.

일로 야단치다가 밑천이 떨어지면 '태도불량'이라고 나무란다. 선배세대에겐 결론이지만, MZ세대에겐 사족이다. '기승전'만으로 족하다. 감사 내지 질책 뒤에 붙여진 사족은 자칫 본전도 못 찾게 하기 십상이다. 여백을 남겨놓아야 재수 있는 선배로 존경받을 수 있다.

셋째, 방법보다 방향을 이야기하자. MZ세대의 관점에서 보자면 방법 없이 방향만 이야기하면 '오지랖'이다. 반면에 리더의 수준에서 방향 없이 방법만 붙잡고 늘어지면 미주알고주알 캐는 쪼잔한 상사가 된다. 방향은 확고히 하되, 방법은 주도적으로 할 수 있도록 자율성을 부여하라. 오케스트라 지휘자는 단원들에게 각각 다른 악기를 연주하되, 같은 악보를 보게 한다. 지휘자가 연주자들에게 다른 악보를 보게 하는 것은 직무유기다. 마찬가지로 다른 악기 연주자들에게 일제히 같은 방법으로 연주하게 하는 것은 지휘자로서 자격미달이다. 방향이 분명해야 방법의 자율성도 줄 수 있다.

"알아서 움직여!" "알아야 움직이죠…."

#에피소드_자율성, 존재감의 샅바 싸움

베이비부머 세대 "말하지 않아도 내 마음을 척척 읽는 게 자율성이지. 심복이란 말이 괜히 있나? 알아서 움직여."

X세대 "중간관리자 하이패스하고 각자 마음대로 결정하면 나는 도대체 뭐야? 상사는 맞장구치라 하고, 구성원은 맞짱 뜨자 하고…."

MZ세대 "자율성, 자율성 하면서 실제로 내 마음대로 할 수 있는 것은 없어. 말로만 자율성, 자율성…. 알아야 움직이죠?"

4차 산업혁명 시대, 당근과 채찍을 버리고 구성원에게 자율성을 부여하는 것이 중요하다는 것을 모르는 이는 없다. 더구나 자신의 주장이 뚜렷하고 요구사항도 똑 부러진 MZ세대에겐 더욱 그렇다.

현장 사례를 들어보면 말처럼 쉽지만은 않다. 자율성의 오용, 악용, 과용을 감당하지 못해 상처만 안고 원점으로 돌아갔다는 이야기도 심심치 않게 들린다. 직장 내 자율성을 어떻게 정의할 것인가? 일을 수행하는 데 있어 일정한 형태의 선택권과 발언권을 갖는 것이라 할 수 있다. 세대별로 가지는 자율성에 대한 생각은 다르다.

베이비부머 세대는 자신들의 심중을 알아서 읽어내는 눈치로 '자율'을 이해한다. 심복이란 말이 괜히 있겠는가? 그들 자신도 상사의 심중을 눈칫밥으로 읽으며 조직 분위기에 적응하고 생존한 세대이기 때문이다. 이들에게 자율이란 '말 안 해도 수족처럼 움직이는 자발적 복종'의 의미다.

반면 X세대는 윗세대의 불합리함을 충분히 자각해온 세대다. 이들은 의식적으로라도 구성원의 자율성을 존중해주려 한다. 다만 배운 적 없고, 해본 적 없는 것을 해보려니 맞지 않는 옷처럼 불편하고 어설프다. 콩가루 조직과 꼰대 사이에서 균형을 어떻게 맞출까 고민스럽다. MZ세대에게 맞장구를 쳐주며 받아주려니 '맞짱 뜨자'고 나설까 걱정이다. 또 한편으론 각자 알아서 하게 될 때 '중간을 패스하고 각자 결정하면, 나는 뭐지?' 하는 존재감 상실 걱정도 따라온다. 사수로서 최소한의 영역은 지킬 수 있을까 하는 불안한 마음도 있다.

밀레니얼은 자신이 일하는 시간, 공간은 물론 일의 첫단과 끝단까지 선택하고 정할 수 있는 주도적 권한이라고 생각한다.

자율성에 더해 주도성까지 키우는 법

K사장은 직원들이 오후 근무시간이면 늘 출출해 하는 것이 안쓰러웠다. 그는 고민하다 발뮤다 토스터에 생각이 미쳤다. 죽은 빵도

축축하게 살려낸다는 명품 토스터 아닌가! 회사에 발뮤다 토스트를 갖다 놓으면 직원의 자부심도 명품 급으로 높아지지 않을까 하는 생각을 하니 본인의 기특한 아이디어에 콧노래가 절로 나왔다.

토스터 한 대에 무려 30만 원, 보통 토스터의 10배 가격이었지만 구입하기로 했다. 직원들이 자신의 마음을 알아주고 내심 감사하는 마음을 갖지 않을까 기대했다. 그런데 웬걸, 막상 비치해놓았는데 직원들은 소 닭 보듯이 하며 별 관심을 보이지 않고 관리도 제대로 하지 않았다. 아니나 다를까, 덜컥 일주일 만에 고장이 났다.

또 다른 경우다. 역멘토링이라고 MZ세대가 자신들의 핵심역량인 IT 기술, 트렌드 등을 역으로 선배세대에게 멘토링해주는 제도다. 이를 통해 서로 가치관을 공유하고, 자연스럽게 소통할 수 있다는 취지로 세대 간 소통에 많이 권장되는 방법이다. 국내의 한 대기업에서 이 같은 취지로 실시했지만 초반에 참여가 저조해 결국 폐지되고 말았다.

이런 실패 사례를 보며 당신은 무슨 생각을 했는가? 요구사항은 줄줄이 사탕으로 많으면서 정작 참여하라면 뒷전인 밀레니얼 세대에게 실망했는가? '돼지목에 진주라고 우리 직원들에게 무슨 자율성?' 하며 고개를 가로젓지는 않았는가. 서로 확인해야 할 것은 자율의 의미다. 선배세대는 '간섭과 감시를 하지 않는 것'도 엄청난 시혜라고 생각해 자율성을 준 것이라 이해한다. 반면 MZ세대는 간섭과 통제 없는 자율성은 기본이고, 덧붙여 일의 주도성을 원한다. MZ세대가 생각하는 자율성을 증진시키려면 다음을 반드시 명심해야 한다.

첫째, 자율성의 전제를 바꾸어야 한다. 이들은 알아서 움직이는 게 아니라 알아야 움직인다. 조직 내 정보의 비대칭성을 검토해보라. 자율적으로 의사결정 하라고 해놓고 마음에 들지 않으면 "너희가 그러면 그렇지." 하고 자포자기하거나 "내 마음을 왜 그리 몰라주나?" 하며 무개념이라고 탓한다. 조직의 니즈와 계획에 맞게 자율적 의사결정을 하길 요구한다면 먼저 이들에게 충분한 지식과 정보를 주어야 한다. MZ세대는 자신이 보지 못하는 것을 선배가 봐주길 바란다. 왜, 무엇을 위해 일하는지 충분한 설명과 정보 공유가 필요하다.

어느 중소기업에서 사내문고를 만드는데 구성원들이 '퇴사' 관련 책을 줄줄이 신청한 일이 있었다. 사장은 그 목록을 보고 신청한 직원을 찾아내 "월급 받으면서 퇴사 준비하나?"고 노발대발하며 다짜고짜 야단쳤다. 만일 미리 사내문고를 만든 이유와 목적, 기대사항 등에 대해 일러주었다면 어땠을까. MZ세대는 막연한 시그널이나 말줄임표, 주파수 맞추기 요구가 통하지 않는다. 목표와 좌표를 정확히 알려주어야 비로소 참여한다.

둘째, 경계를 분명히 일러주라. 현명한 양치기는 양을 아무데나 풀어놓지 않는다. 풀이 많은 곳, 돌아와야 할 시점, 벗어나면 안 되는 경계를 미리 꼼꼼히 공유한다. 오늘날 자율성으로 인해 빚어지는 조직 내 트러블은 정착민 사고를 가진 선배가 유목민 사고를 가진 후배와 함께하기 때문이다.

정착민의 농경은 성실성이 역량으로, 시간 축적이 중요 요소다.

반면 유목민의 수렵에선 기동성이 핵심 경쟁력으로 전망 제시가 더 중요하다. 넘지 말아야 할 경계가 무엇인지를 말해주어야 한다. 무엇을 하면 위험한지 알려주는 경고가 필요하다. 현실과 충돌할 때 우선순위를 어떻게 정할지, 실행에서 제한사항을 분명히 할 때 자율성은 활성화된다. 기준이 분명할수록 그에 따른 의사결정이 쉽다.

앞의 명품 토스터 사건을 다시 생각해보자. 직원복지와 관련된 일이라면 더더욱 직원들에게 의견을 물어보거나 참여를 요청하는 게 필요하다. 예산범위를 제시하고, 그 이내에서 필요한 아이템을 스스로 논의해 선택, 구입하게 했더라면 관심과 활용도는 더 높아졌을 것이다. 리더들은 자율과 참여를 허용할 때 직원들이 무리한 것을 요구하면 어쩌나 하는 막연한 불안감을 갖고 있다. 차라리 금지사항과 제한범위를 정해주라. 아니면, 선택지를 제시하고 고르게 하라. 추가사항은 그밖에 요청으로 수렴할 수 있다. 자율은 막후 조종도 아니지만 무제한 방임도 아니다. 때로는 놀라움으로 감동을 주고 싶겠지만, 상사도, 부하도 서프라이즈는 당황스럽다. 좋은 일이든 나쁜 일이든 마찬가지다.

셋째, 지속적으로 유지 보수하라. 계속 닦고 조이고 보수할 필요가 있다. 똑같은 제도인데도 잘 운영되는 조직의 비밀은 제도 자체보다 운영에 있다. 버전을 계속 업그레이드해야 한다.

"회사가 인생의 전부는 아니지만!"

의자혁명을 통한
미래 직장 인간관계
리포트

근태, 과신도 과민도 금물

#에피소드_매일 아침 근태 과민 증상이 온다.

베이비부머 세대 "일 못하는 직원은 참아도, 근태 나쁜 직원은 못 참아.
근태는 회사생활의 기본이자 그 사람의 정신상태야."

X세대 "근태 자체가 중요한 것은 아닐 수도 있지만, 성과 나쁠 때 근
태까지 나쁘면 괘씸죄 가중된다. 그러니까 평소에 잘해."

MZ세대 "성과가 근태보다 중요하죠. 근태 중시하는 리더 치고 일 잘
하는 리더 없어요. 시간당 보수가 얼마인데 그런 것까지 신경 써요?
일의 효율이 더 중요한 것 아닌가요?"

근태의 의미는 여러 가지다. 첫째는 '근태勤怠', 즉 부지런함과 게
으름이다. 둘째는 출근과 결근을 아울러 이르는 말이다. 통틀어 근무
하는 태도라고 할 수 있다. 셋째는 법정근로 시간인 1주 52시간을 준
수하는지 여부를 가리킨다. 세대별로 근태에 부여하는 의미가 다르
고 각자 편하게 해석한다.

선배세대는 근태라고 하면 관리자가 직원을 평가하는 성실성의 지표이자 직장인의 예절이라고 생각한다. MZ세대는 근태가 사회생활의 기본이라는 것을 구식이라고 불편해 한다. 중견기업의 인사 담당 임원인 C가 신입사원 오리엔테이션에서 말했다.

"여러분, 성공하는 직장인은 출근 시간부터 다릅니다. 먼저 출근 시간과 일을 시작하는 시간은 다르다는 걸 알아야 합니다. 9시 정시에 출근하는 직원이 지각하는 직원보다 더 얄미워요. 적어도 10분 전에는 사무실에 나와 일할 준비를 마쳐야 합니다. 자동차도 미리 워밍업을 하는 것과 같은 이치입니다. 저는 신입사원 때 화장실 볼일도 집에서 해결하고 출근했습니다. 미리 와서 책상도 정리정돈하고요."

밀레니얼 직원들의 반응은 어땠을까? 자동차 지식에 밝은 한 신입사원이 예상치 못한 답변을 했다. "예전 차들은 카뷰레터(기화기)가 장착돼서 미리 워밍업이 필요했고요. 요즘 차들은 시동 걸면 바로 작동하는데요. 오히려 미리 공회전하면 안 좋은데요." 차가 바뀐 것처럼 시대도 바뀌었음을 말하고 싶었던 것이다.

언론사에 근무하는 X세대 K팀장은 임신했을 때 출산 전날까지 출근해서 일했다. 그렇지만 지금 임신 8개월 차 후배 여기자는 '원고만 제때 넘기면 출근하지 않고 재택근무를 당일 문자로 통고하는 것'을 당연하게 생각한다. "제가 일했던 시절 이야기를 하면 밭 매다 출산한 할머니 보듯 할 것 같아서 말을 꺼내지도 않아요. 하지만 요즘 세대가 부럽기는 해요. 저는 비록 혜택을 못 받았지만 예전보다 성과

평가가 보다 분명해지니까 근태 의존도가 낮아진 건 사실이에요. 다 똑같이 적용되는 것은 아니고, 일 잘하는 직원에 대한 보상 차원의 배려니까요."

선배세대는 여전히 일 못하는 사람은 참아도 근태 나쁜 직원과는 같이 일하지 못한다고 대놓고 말한다. 근태가 나쁠 때 괘씸죄가 더해지는 이유는 근태를 일에 대한 열정과 성실성, 인간성과 연결 짓기 때문이다. 설문조사에서도 드러난다.

2019년 기업 910곳의 리더들을 대상으로 조사한 결과에 따르면, 구조조정 대상 1위로 꼽는 직원은 '근무 태도가 불성실한 직원'(52.3%)이었다. 이어서 '개인 실적이 부진한 직원'(18.2%), '높은 연봉을 받는 직원'(7%), '실적이 부진한 부서의 직원'(7%), '인사고과가 낮은 직원'(5.7%), '비정규직 직원'(3.2%) 순이었다. 기성세대 리더들은 일 못하는 직원, 뒷담화 하는 직원보다 근태가 불성실한 직원을 더 싫어한다고 응답했다.

야단치자니 쪼잔하고 안 치자니 불편하고

선배세대는 지각했을 때 사무실에서 느껴지는 싸한 공기, 바늘 하나만 떨어져도 소리가 날 것같이 조용한 사무실에서 느껴지는 시선이 두렵다. 일부러 서류를 옆구리에 끼고 들어오면서 갓 복사해오는 척하거나, 의자에 카디건을 걸어놓고 잠깐 화장실에 다녀온 척하거나, 화장실에 미리 숨겨둔 슬리퍼를 신고 여유 있는 척하며 들어오는 등 온갖 위장전술을 쓰곤 했다.

이런 기기묘한 잔머리도 '근태가 조직생활에서 중요하다'고 생각했기에 가능한 나름 성의 있는(?) 행동이었다. X세대는 베이비부머 세대처럼 근태가 목숨처럼 중요한 것은 아니지만 여전히 중요한 기준이라고 믿는다. 하지만 지각으로 야단치자니 쪼잔해 보이고, 안 치자니 마음이 불편하다. 그렇다고 제도를 바꿀 힘은 없다.

특히 이들이 당혹스러운 것은 유능한 MZ세대 직원이 반발할 때다. "성과가 좋은데 근태가 뭐가 중요한가요?" 이를 바라보는 X세대는 한 직원의 나쁜 근태가 게으름 바이러스처럼 퍼져 조직에 악영향을 미치지는 않을까, 구성원들 간의 형평성 문제가 제기되지는 않을까 시름만 깊어진다.

선배세대가 근태에 대해 '과신'한다면 MZ세대는 근태에 '과민'하다. MZ세대는 제시간에 출근하는 것은 의무라고 하면서 제시간에 퇴근할 권리는 주지 않는 것은 잘못되었다고 주장한다. 칼출은 칼퇴(정시 퇴근) 보장과 맞물려야 한다는 논리다.

그럼에도 불구하고 성과는 상시 보장이 안 되는 변수이고, 근태는 평상시에 쌓아놓는 상수이므로 완전히 무시하는 것은 아니다. 다만, 쓸데없는 데다 과하게 신경 쓰느니 성과를 측정하는 확실한 지표를 마련하거나 집중근무제 등 열심히 일하게 하는 시스템을 마련해야 한다고 생각한다. '근태 강조하는 사람 치고 일 잘하는 사람 없다'는 게 이들의 흔한 생각이다. '무능한 사람을 위한 옹호 수단'이라고까지 말한다.

물류업에 종사하는 밀레니얼 직원인 K는 말했다. "어차피 출퇴근 시간이 자동으로 체크돼 인사팀에 매일 보고돼요. 근태가 나쁘다고 해서 상사가 그것만을 갖고 야단치지는 않아요. 하지만 일하다 실수하면 지각까지 합쳐서 작은 실수도 더 크게 지적하더라고요. 혹은 보고할 때 결제를 일부러 미루거나 안 해주는 등 뒤끝이 작렬해서 눈치가 보여요."

근태의 사선死線에서

선배세대는 근태는 사무실에서 최후까지 지켜야 할 사선이라고 여전히 생각한다. 일을 해보면 알겠지만 개인의 성과평가를 자로 잰 듯, 두부 자르듯 객관적으로 평가하기 어렵다. 물론 프로 축구선수 손흥민은 누가 보지 않아도 알아서 연습하고 골을 넣고, 그만큼 몸값을 올린다. 그것은 특별한 경우다. 대부분의 조직에서 일은 개인기로 좌우되는 스타 시스템이 아닌 팀 체제로 함께 돌아간다. 근태가 여전히 중요한 이유다.

어찌 보면 MZ세대는 게으른 것이 아니라 생산성에 대한 정의가 다른 것이다. 디지털 환경에서 수행하는 작업은 종종 전략적이고 창의적이고 혁신적이다. 높은 성과는 컴퓨터 앞에서 8시간 작업하거나 연이은 밤샘 회의와 관련이 없을 수도 있다. 선배세대는 여전히 일은 엉덩이가 하는 것이라고 믿는다. 근태는 과연 구악일까, 기본일까. 근태를 두고 서로 얼굴 붉히는 일이 없게 하려면 어떻게 해야 할까?

첫째, 근태가 왜 중요한지, 근태의 기준이 무엇인지 충분히 설명해 납득시키자. 가령 음식 배달 중개 플랫폼 '배달의 민족'은 자율적 조직문화를 지향하지만 지각은 절대 금물로 사규에 엄격히 정해놓고 있다. '9시 1분은 9시가 아니다'라는 표어처럼 정확한 기준을 제시해야 MZ세대가 이해할 수 있다. 또 전날 야근했다면 다음 날 출근 시간을 늦춰주는 합리적 조치는 반드시 필요하다.

둘째, 제도보다 문화로 유도하는 것도 방법이다. '운용의 묘'를 발휘하자. MZ세대는 상사의 질책보다 동료로부터 소외당하는 것을 더 신경 쓴다. 출근정시에 회의나 교육을 실시하거나, 출근하자마자 참여하는 활동을 하는 것도 현실적 대책이다. 늦게 오면 손해라는 것을 스스로 자각하도록 우회전략을 펴는 것도 좋다. 이와 상관없이 지각을 상습적으로 하는 직원이라면 1대1 면담은 필수다. 지각 사유가 무엇인지부터 알아보고 상호 해결안을 모색하라.

셋째, 지각 페널티보다 정시 출근에 대한 인센티브를 주는 것이 더 유효하다. 지각하는 직원에게 한 번 지각하면 반차로 처리하거나 벌금을 물려 회식비를 적립하는 경우가 있다. 이는 부작용이 더 크다. 지각 예방 효과는커녕 반발심만 커지고, 그나마 있던 쥐꼬리만 한 자책감마저 없애기 쉽다. 차라리 100% 정시 출근한 직원에게 인센티브를 주는 것이 효과적이다.

구체적으로는 연월차·주별·일별 근태 목표를 스스로 정하게 하고, '자신이 정한 목표이기 때문에 달성하지 않으면 안 된다'는 자율성을 갖게 하는 것이 필요하다. 일방적으로 지시하기보다 왜 그 숫자를 목표로 했는지, 의미와 의의에 대해 스스로 생각하게 하자. 그렇게 해야 목표를 달성하고자 하는 의욕이 싹튼다.

근태란 무엇인가?

	베이비부머 세대	X세대	MZ세대
업무 윤리	성실성 (일은 머리보다 엉덩이로 하는 것)	보험 (성과 나쁠 때를 대비해 근태를 관리한다)	유연성 (시간, 공간 선택해서 일하고 싶다)
근태의 비중	"일 못하는 직원은 봐줘도 근태 나쁜 직원은 못 참아. 근태는 직장생활의 전부야."(everything)	"성과, 성과 하지만 직장인이 늘 성과가 좋긴 힘들어. 성과 나쁠 때 평소의 근태는 방패지. 그런 점에서 조직생활의 일부야."(something)	"근태보다 성과가 중요해요. 일만 잘하면 되지 않나요?"(nothing)

'푸드 코트'에서 '카페 소사이어티'로

#에피소드_오늘은 회식날

베이비부머 세대 "회식도 업무의 연장이야. 전원 참석해!"

X세대 "회식은 내부 영업이야. 내부 영업을 잘하는 사람이 외부 영업도 잘하지."

MZ세대 "고객 접대만 하지 말고 직원 대접도 해주세요. 회식은 솔직히 재미도 없고 신경 쓸 일만 많아요."

'회식' 하면 어떤 메뉴를 떠올리는가? 선배세대의 회식 메뉴 1위는 삼겹살이지만 요즘 뜨는 메뉴는 족발, 보쌈이다. 기호의 변화 때문이 아니다. 누가 가위와 집게를 잡고 고기를 구울 것인가, 미묘한 신경전을 벌이기 싫어서다. 선배세대가 '고기는 막내가 구워야지?'라고 생각한다면 MZ세대는 '꼭 막내가 하란 법이 어디 있어? 잘 굽는 사람이 하면 되지'라고 생각한다.

드라마 '직장의 신'에선 거나한 회식을 치른 다음 날 계약직 사원

미스 김(김혜수)이 부장에게 영수증을 내민다. 그 내역을 살펴보니 고기 굽기 20만 원, 노래방 탬버린 치기 40만 원 등이 적혀 있다. 미스 김은 당당하게 말한다. "회식은 불필요한 친목과 아부와 음주로 몸 버리고, 간 버리고, 시간 버리는 자살 테러입니다." 역시 이 말에 동의하는가? 코웃음 치는가?

한 종합병원에서 직원들에게 '회식도 업무'라는 내용의 문안을 배포해 논란을 빚었다. 한 직원이 빨간 글씨로 강조된 문안을 찍어 블라인드 앱에 올린 것이다. 댓글에는 '1970년대야?', '요즘 세상에도 저런 데가 있어?' 등의 부정적인 댓글이 마구 달렸다. 병원 측은 "직장생활을 재미있게 하고자 하는 취지로 만들었지만 적절치 못한 표현이라 생각한다."고 해명하는 것으로 불길을 겨우 진화시켰다.

요즘 회식은 조직문화에서 '계륵'이 되었다. 없애자니 아쉽고, 두자니 민원이 빗발친다. 예전에 잦은 회식은 '젖과 꿀이 흐르는' 좋은 조직문화의 표상이었지만, 요즘은 회식을 드물게 하는 회사가 좋은 회사다. 선배세대에겐 '업무의 연장'이지만, MZ세대에게는 '연장 근무'일 뿐이다. 예전엔 밥 잘 사주는 상사가 좋은 상사였지만, 이제는 법카(법인카드)만 주고 빠져주는 상사가 좋은 상사다.

베이비부머 세대에겐 배불리 먹는 것이 중요했다. 회사가 푸드 뱅크(식품업체나 개인으로부터 식품을 기탁 받아 이를 소외계층에 지원하는 식품 지원)가 되어 허리띠 풀고 먹이는 것만으로 직원들을 만족시킬 수 있었다. X세대에게 회식은 푸드 코트에 해당한다. 푸드 뱅크보다 진화해 기호가 반영된 셈이다. 메뉴도, 선택권도 다변화, 다양화됐다. 그저 배를 채우기보다 노래방 등 오락문화가 가미된 것도 이때부터다. 반면 MZ세대에게 회식의 의미는 '카페 소사이어티'다. 각각의 취향과 지향을 반영해 즐거운 사교의 장이 되지 않으면 거부한다.

기성세대의 회식 곤혹담

은행 지점장인 K는 베이비부머 세대다. 회식에서 자신의 역량을 증명해 승진했다고 자타공인하는 인물이다. 그의 별명은 '일사불란', '철두철미'다.

고기가 타지 않게 구우며 상사를 알뜰살뜰 챙기는 것은 물론이고, 2차 노래방에서는 미리 예약곡을 입력해 물 흐르듯 매끄럽게 진행하는 게 기본이다. 상사의 애창곡을 다른 사람이 부르는 불상사(?)를 예방하고 노래가 끊겨 흥이 떨어지는 것을 막기 위해서였다. 그뿐인가. 이마에 넥타이를 질끈 매고 '무조건'을 부르며 충성을 다짐했다. 회식 후 상사의 집까지 모셔다 드리는 서비스는 기본이었다.

그런데 얼마 전 그를 분노케 한 사건이 있었다. 노래방게임(노래방 점수가 일정 수준 나오지 않으면 벌금을 내게 하는 게임)을 해 적지 않은 돈이 모였다. 그는 당연히 다음 회식비로 모아놓아야 한다고 생각했다. 그런데 웬걸, MZ세대 직원들이 그걸 쥐꼬리만큼이라도 n분의 1로 나누어 당장 택시비로 갖고 가겠다고 하는 게 아닌가? 그는 벌컥 화를 내고 말았다.

교육업체의 C대표는 평소 수평적 리더십을 펼쳐 다른 상사들과는 다르다고 자신했던 X세대 선봉장이었다. 회식에서 술 몇 잔 걸치고 한 말을 되풀이하는 상사들을 보며 '저런 꼰대는 되지 않겠다'고 결심했었다. 창업 후 수평적 조직문화를 만들어가고 있다고 자부하던 중 회식 때 왕따 수모(?)를 당했다. 그는 회식에서 상사를 배제하는 것이 자신의 리더십의 문제인가, 시대가 변화한 것인가를 깊이 생각해보게 됐다고 털어났다.

C대표는 정기회식 날, 불가피한 선약이 있어 1차에 참석하지 못했다. 직원들이 늦게라도 꼭 오시라고 신신당부하는 통에 내심 흡족했다. 2차에서 중도 참석하기로 한 그는 서둘러 선약을 마치고 직원들에게 전화했다. 이게 웬일인가. 아무도 받지 않았다. 카톡을 해도 읽지 않았다. 추운 거리를 몇 바퀴씩 돌며 전화를 돌리던 끝에 깨달았다. "아무도 나를 기다리지 않는구나. 이미 법카는 확보했겠다, 대표는 올 필요 없다는 무언의 메시지구나." 그는 결국 쓸쓸한 마음으로 일찍 귀가할 수밖에 없었다. 직원들은 다음 날 식당이 시끄러워서 전화 벨소리를 듣지 못했다고 변명했지만 그렇다면 카톡은 왜 끝내 읽지 않았단 말인가.

MZ세대의 회식 반박담

MZ세대는 과연 상사들의 회식 곤혹담에 일말의 가책을 느끼기나 할까? 잡코리아가 2016년 직장인을 대상으로 한 조사에서 직장인들의 61.4%가 회식 스트레스를 느낀다고 답했다. 한 밀레니얼 직원은 임원이 참석하는 회식의 경우, 비서에게 몰래 일정을 체크한다고 했다. 불가피한 일정을 알아내 일부러 공식 회식 날짜로 건의하기 위해서다.

"회식은 꼭 해야 하는 건가요?", "회식한다고 끈끈한 연대가 생기나요? 그리고 회사에서 끈끈한 연대가 꼭 필요한 것인지 회의가 듭니다.", "술 마시면 속엣말이 나온다고요? 평상시에 정신 똑바로 차리고서도 말을 못하는데 술에 취하면 제대로 할 수 있나요? 또 술 마시고서 들은 이야기를 기억이나 하나요? 오히려 다음날 일하는 데 방해되기 십상이지요." 이들의 회식 불평이다.

요즘 상사가 밀레니얼 직원들의 눈치를 본다고 하지만 상명하복 조직문화가 가장 극명하게 드러나는 자리가 회식이기 때문이다. 같이 걸어가다가도 "야, 너 좀 일찍 가서 자리 맡아놓아야 하는 것 아니야?"라고 해서 헐레벌떡 뛰어가 식당 단체석을 확보해놓아야 하는 것은 이들 몫이다. 또 술 권하는 조직문화가 여전한 것도 부담이다. '집에 갈 사람은 가도 된다', '마실 수 있는 만큼만 마셔라' 해도 여전히 눈치 보인다.

MZ세대는 조직 내 '네트워킹'과 끈끈한 '연대'는 다르다고 구분한다. 목적이 있느냐, 없느냐로 가름된다. 그리고 술 한잔 마신다고 느닷없이 끈끈함이 생기지는 않는다고 말한다. 모두의 입맛에 맞는 곳을 골라 예약하고, 재미없고 지루한 대화가 이어지는 회식은 돈, 시간, 체력을 소모시킨다. 차라리 평상시에 맨 정신으로 명료하게 이야기하는 게 더 낫다고 말한다.

회식은 투자일까? 낭비일까?

밀레니얼 직원에게 회식이 퇴사 사유가 될 지경이니, 이쯤에서 회식에 대한 새로운 개념 정립이 필요하다. 혹자는 아예 회식을 없애자는 폐지론을 주장하는 이도 있다. 하지만 밀레니얼의 속 깊은 이야기를 들어보면 '횟수'가 아니라 '내용'이 문제다. 진정한 소통과 협업을 위한 회식을 하려면 어떻게 해야 할까?

첫째, 가성비 높은 회식을 하자. 요체는 시간 절약이다. 시작시간뿐 아니라 종료시간도 정하고 로스 타임을 줄인다. 직원들이 회식을 피곤해 하는 것 중 하나가 늘어지는 진행이다. H대표의 회식 노하우는 철저한 시간 절약이다.

회식을 오후 7시에 시작한다면 약 20분 전에 1명이 먼저 가서 정확히 7시에 모두 첫 잔을 마시도록 미리 주문과 세팅을 해둔다. 도착시간과 음식 주문으로 발생하는 로스 타임 20~30분을 절약하기 위해서다. 그는 요즘 유행하는 운동경기 단체 관람이나 공연감상 등은 협업과 상관없이 혼자서도 할 수 있기 때문에 일부러 피한다고 말했다. 회식 시작시간과 종료시간을 엄수하는 것은 상사뿐 아니라 직원의 일정 관리를 위해서도 필요하다.

둘째, 회식의 목적을 분명히 하자. 밀레니얼 직원들도 상사로부터 듣고 싶은 정보가 있다. 친목용인지, 정보 공유용인지 목적을 분명히 밝히는 게 도움이 된다. 또 되도록 업무시간 내에 회식을 해결하는 것이 좋다. MZ세대가 중시하는 것은 '시간'이다. 풍성한 메뉴보다 업무시간 내에 끝나는 것을 더 좋아한다. 점심시간, 오후 티타임을 활용할수록 회식 만족도는 높아진다. 상사에게 깨지고 와서 팀원들에게 푸는 싸한 회식 자리는 절대 금물이다. 리더가 내색하지 않아도 절로 표가 나게 돼 있다.

셋째, 공평한 참여를 북돋우라. 발언 시간을 공평하게 주기만 해도 회식은 재밌어진다. 요컨대 밀레니얼 직원들이 푸드 뱅크의 머슴이나 푸드 코트의 과객이 아니라, 카페 소사이어티의 주빈으로 존중받는 자리를 만들라. MZ세대가 사회의 수저론보다 더 싫어하는 것은 조직의 숟갈론(식탁에서 후배가 선배의 숟갈을 세팅하는 게 회식 매너란 잔소리)이다.

그리고 중요한 것, 2차부터는 빠지자. 당신이 나쁜 상사여서가 아니다. 생각해보라. 시댁 식구가 나빠서가 아니라 그저 불편한 것이다. 마찬가지다. 조직에서의 왕따가 아니라 리더가 겪어야 할 원천 고독일 뿐이다.

"자네가 저커버그인가?"

#에피소드_오피스 드레스코드 변천사

베이비부머 세대 "사무실에서 후드티가 뭔가? 자네가 저커버그야?"

X세대 "선배들은 못 입고, 후배들은 막 입고…. 아, 이 패션 테러리스트들…."

MZ세대 "옷 고르는 데 신경 쓰는 것 줄여서 일에 몰두하려고요."

50대 중반의 교사 H는 학교에 출근해 젊은 교사의 옷차림을 보고서 경악했다. 30살의 밀레니얼 신입교사가 반바지에 샌들 차림으로 출근한 것이다. 아무리 공무원에게 반바지 출근을 권장하는 시대라고 하지만 학교는 우리 사회에서 가장 보수적인 곳이 아닌가! 교장, 교감이 그 교사의 주변을 맴돌며 헛기침으로 불편한 심경을 내비쳤다. 논리적으론 지적할 근거가 마땅히 없어 속으로만 끙끙거리다 어렵게 한마디 했다. "반바지 입으니 시원해서 좋은가?" 밀레니얼 교사는 밝은 목소리로 대답했다. "네. 시원합니다. 교장 선생님도 입어보세요."

복장 규율, 드레스코드는 고객 미팅 등 외부행사가 있을 때 특히 부딪친다. 밀레니얼 직원 K는 평소 티셔츠에 청바지, 운동화 차림으로 출근한다. 어느 날 출근하니 부장이 예고도 없이 고객 미팅에 정장을 입고 참석하라는 것 아닌가? C는 "그 미팅 때문에 한여름 땡볕 아래서 한나절이나 옷가게를 헤맸습니다. 정장을 꼭 입어야 한다면 최소한 하루 전에는 알려주든가, 갑작스런 미팅이면 의상비를 지원해주든가 해야 하는 것 아닌가요?" 하며 불만을 표했다.

1년에 한두 번 입을까 말까 한 정장 사느라 쓴 돈이 아까웠다는 토로다. 그런가 하면 선배 입장에서 밀레니얼 후배에게 정장으로 갈아입으란 말을 하기가 부담스러워 미팅에서 배제시켰다가 해당 직원이 나중에 그 사실을 알고 반발해 문제가 되는 경우도 있다. 옷차림은 정신자세인가, 전략인가, 아니면 편하면 그만인가? 3세대의 다른 생각엔 그들만의 시대정신이 담겨 있다.

학창시절에 무엇을 입었는가?

기업마다 자율복장 바람이 거세다. 민간 기업은 물론 공공기관까지 권장하고 있다. 수직적 위계를 무너뜨리고 수평적 문화를 위해서란 명분에는 동의하지만 머리와 가슴이 따로 노는 게 현실이다. 베이비부머 세대는 말한다.

"직장에선 기본예절을 갖춰야지. 사무복은 근무 태도를 반영한다고. 아무리 자율이라고 해도 후드티에 청바지, 운동화가 뭔가! 약간의 불편함이 정신의 긴장감을 가져오는 법이야. 같은 사람도 예비군

복 입었을 때랑, 정장 입었을 때 걷는 태도가 달라지지 않나?"

X세대는 말한다. "옷차림은 전략이지. 나는 상사가 사무실에 걸어두고 사시사철 입었던 감색 작업복 점퍼가 참 싫었어. 내 상사들은 옷을 못 입는 게 문제였는데 요즘 친구들은 옷을 너무 막 입어. 잘 입진 않아도 단정하게라도 입었으면 좋겠어."

MZ세대는 잘 입든 못 입든 내 패션에 관심을 꺼줬으면 좋겠다고 생각한다. 자전거를 타고 출근하거나 퇴근 후에 요가를 한다면 그에 맞춰서 편하게 입고 오면 되는 것 아닌가. 옷은 옷일 뿐이지, 일과 옷이 무슨 대단한 관계라도 있는 것처럼 말하는 게 이상하다고 반박한다.

베이비부머 세대는 일제시대의 전통을 이어받은 획일적 교복을 입고 학창시절을 보냈다. 출퇴근 때는 정장을 입더라도, 사내에서는 짙은 감색 작업복이 이들의 주된 사무복이었다. 노란색 기계자수로 회사이름을 새긴 감색 점퍼는 거의 국민 작업복이었다. 잘 입는 것보다 튀지 않는 것이 중요했고 남자 정장은 감색, 검정색으로 천편일률적이었다. 여성은 유니폼을 입는 경우가 많았다. 학교에서나 직장에서나 획일화된 제복이 베이비부머 세대의 드레스코드 1.0이었다.

X세대는 제한적 교복 자율화를 누린 세대다. 같은 교복이라도 세련된 디자인을 입을 수 있었다는 점이 이전 세대와 달랐다. 사무복으로 비즈니스 캐주얼이 등장했다. 평일엔 정장을 입더라도 금요일은 '캐주얼데이'로 복합 형태가 시도됐다. '옷 잘 입는 것도 전략'이라 강조한 오피스 드레스코드 2.0 세대다.

MZ세대는 교복 외에 간이복을 입었다. 간이복은 교복과 체육복의 중간 형태로 남녀불문 편한 티셔츠에 바지로 구성돼 활동이 편하도록 했다. 이런 착용 경험은 사무실로 이어졌다. 이들은 정장을 입고 직장에서 일하는 것은 불편함을 떠나 유행에 뒤떨어진 일이라고 여긴다. 선배세대는 이들의 자유로운 복장에 불만을 가지지만, 이들은 야구경기에 정장을 입고 시구하러 나오는 저명인사를 볼 때 오히려 불편함을 느낀다. 복장 불량의 기준이 다르다.

MZ세대는 실용성을 중시한다. 주말 복장과 근무 복장의 개념이 역전됐다. 근무 복장은 편안한 캐주얼을 입고, 주말 복장은 오히려 잘 갖춰 입어야 한다고 생각한다. 현재의 사무실 자율복장은 오피스 드레스코드 3.0인 셈이다.

직원만이 아니다. 고객의 생각도 변했다!

기본적으로 개방형 사무실, 유연근무제 등 일하는 방식이 바뀌었고, 시대 환경도 달라졌다. 가령, 유연근무제가 늘어나면서 퇴근 후 시간 활용법이 다양해졌다. MZ세대는 인간관계도, 일도, 취미활동도 분리하지 않는다. 이는 드레스코드에도 영향을 미친다. 언제 어디서든 일도, 취미활동도 다 하고 싶어 한다. 실제로 미국의 공유오피스가 2016~2017년 사이에 28% 증가하면서 정장 시장은 39% 줄었다. 또 이메일이나 메신저를 통한 소통이 주류가 되면서 면대면의 공식 모임, 회의가 줄어든 것도 옷차림 변화의 큰 요인이다.

무엇보다 고객이 생각하는 예의의 개념이 바뀌었다. 드레스코드를 이야기할 때 선배세대가 후배세대에게 늘 강조하는 게 고객에 대한 기본예절이다. 과거 고객들은 정장에 익숙했지만, 요즘에는 정장을 입고 나타나면 오히려 위압적이거나 구식이라고 불편해하는 경우도 많다. CES(국제전자제품 박람회)에서 신제품 설명회를 하는 CEO들을 보라. 하나같이 캐주얼 차림이다.

가장 보수적인 금융계조차 변화를 받아들이고 있다. 골드만삭스는 2019년 3월부터, JP모건은 2016년부터 복장규정을 완화해 캐주얼 복장을 허용했다. 제이미 다이먼Jamie Dimon JP모건 회장은 말했다. "우리가 상대해야 하는 많은 고객이 격식을 갖추지 않은 옷차림을 하고 있다. 이미 대세는 비즈니스 캐주얼이 됐다." 고객에 맞추기 위해서라도 드레스코드의 변화가 필요하다고 말할 정도다.

오피스 드레스코드, 궁극의 해법

옷차림에 대해 베이비부머 세대는 정신자세를, X세대는 패션센스를 강조했다. 반면 레깅스에 운동화, 반바지에 샌들을 신고 거침없이 출근하는 MZ세대는 '편안함'이 중요하다. 이들은 편하게 입은 복장이 창의력에 날개를 달아준다고 말한다. 드레스코드 1.0~3.0세대 모두 나름 근거가 있다. 변화를 수용하면서도 예의에서 벗어나지 않는 방법은 무엇일까?

첫째, 사내의 패션 센스를 공유하자. 기본적으로는 개성을 드러내며 각자의 자율성을 발휘할 수 있도록 하는 게 좋다. 고객을 대면하는 업무라면 드레스코드 기준이 더 엄격할 수도 있다. 이럴 땐 선배가 직접 가이드 하기보다는 같은 또래인데 조금 먼저 입사한 밀레니얼 직원이 가이드라인을 공유하게 하는 것도 방법이다. 베스트 드레서 선배나 밀레니얼 동료가 옷 잘 입는 법과 구체적 패션 아이템을 사내 인트라넷에 올려 통해 회사의 암묵적 드레스코드를 자연스럽게 소개하는 것도 좋다.

둘째, 지양하는 복장은 분명히 정해놓자. 비즈니스 캐주얼, 자율복장이란 말은 사실 애매하다. 이러이러한 복장은 허용되지 않는다는 것을 구체적으로 정하는 게 좋다. 조직문화에 따라 드레스코드의 기준도 다를 수밖에 없다. 적어도 어느 선 이상은 허용되지 않는다는 것을 사전에 공유하는 것도 방법이다.

셋째, 일관성을 가지자. 옷차림 참견은 세대 불문하고 불편하고 민감한 문제다. 꼭 해야 한다면 단어 선택도 조심스러워야 한다. 가장 중요한 것은 일관성이다. 어느 날엔 그냥 넘어갔다가 다음 날엔 못마땅해 한다든지, 다른 일로 야단치다가 갑자기 옷차림을 지적한다든지, A에겐 지적사항인데 B에겐 용인된다든지 하는 형평성 문제가 있으면 불만이 폭발한다.

오피스 드레스코드의 변화

	베이비부머 세대	X세대	MZ세대
교복	천편일률적인 교복	디자인 교복	교복+실용성 위주 간이복
의상 철학	"옷은 정신상태다." (단정하게)	"패션은 전략이다." (센스 있게)	"나 좋은 대로 입자." (나 편한 대로)

네트워킹인가, 네트 드링킹인가?

#에피소드 _이너서클과 인싸의 차이

선배세대 "황금 인맥이 성공을 좌우해. 마당발은 인생의 성공비결이야. 네트워킹net working을 잘해야지. 어제 누구를 만났나가 그 사람의 성공지표야."

MZ세대 "그건 네트워킹이 아니라 네트 드링킹net drinking 아닌가요?"

신조어 '네트 드링킹'을 아는가? 네트워킹이 일을 잘하기 위한 인간관계 쌓기라면 네트 드링킹은 '네트워킹이 그저 술자리에 불과한 시간낭비'라는, 비꼬는 의미를 담은 말이다. 선배세대는 일을 하기 위해 인맥이 필요하다고 주장한다.

반면 밀레니얼은 자기 실력을 쌓아놓으면 인맥은 절로 따라온다고 믿는다. 이른바 조모(JOMO, joy of missing out), 잊히는 것을 즐기는 세대로 외로움과 고독을 적극적으로 즐긴다. 반면 선배들은 놓치거나 제외되는 것을 두려워하는 포모(FOMO, fear of missing out) 세대다. 정보를 얻고 좋은 기회를 놓치고 싶지 않다. 그래서 각종 모임에 참석해 인연으로 만들고, 이너서클에 들어가려고 애쓴다.

다양한 연령대가 같이 모여서 하는 세미나에 참석한 적이 있다. 2개월간의 과정이 끝나자, 나이가 지긋한 어르신께서 단톡방을 만들자고 제안했다. '이렇게 좋은 사람들을 만났는데 그냥 헤어지긴 아쉽지 않으냐. 가끔 만나서 밥도 먹고 관련 정보도 교환하자'면서 말이다. 이때 반응이 어땠을까? 50대 이상 베이비부머 세대는 환영했지만 40대 X세대는 당황하는 표정이 역력했다. 30대는 "그런 게 왜 필요해요? 궁금한 것 있으면 주최 측에 연락하면 되는데요."라며 당당히 거부했다. 결국은 원하는 사람만 참여하는 반쪽 단톡방을 만들 수밖에 없었다.

선배세대는 어제 누구를 만났느냐로 그 사람을 알 수 있다고 생각하는 반면 MZ세대는 혼자 있을 때 무엇을 했는가에 대한 답으로 그 사람의 진면목을 알 수 있다고 생각한다. 혼밥, 혼영(혼자 영화), 홈트(홈트레이닝) 등 공부부터 오락까지 '혼' 시리즈가 이들의 특성이다. 다수에 휘둘려 가기보단 자신만의 스케줄대로 다른 이들과 얽히지 않고 조용히 즐기다 오는 것을 고립이 아니라 자립이라고 인식한다. 모든 이의 친구가 되려면 결코 진정한 친구가 될 수 없고, 모두에게 잘하느라 탈진하느니 자신과 사이좋게 지내는 게 인생의 진리라고 생각한다.

표면적으로 극단적 개인주의처럼 보이지만 X세대보다 집단적이다. 관계과잉에 대한 염증을 보인 것은 X세대 때부터다. 이들은 선배세대가 이너서클에 들어가기 위해 안간힘을 쓰는 것을 보며 관계피로, 파벌혐오를 느꼈다. X세대는 '싫어도 대놓고 거부하지 않지만 일부러 애써 다가가지도 않는 개인주의', 엄밀히 말하면 '개체주의' 방식을 취한다. 반면 이들 세대는 연대의식이 약하다 보니 조직에서나, 사회에서나 변화의 주도권을 놓쳤다.

밀레니얼은 같이 해야 할 목적이 있을 때는 낯선 사람들끼리도 모여 힘을 합친다. 혹자는 이를 일러 '포용적 개인주의'라 말하기도 한다. 혼자이면서 외롭고 싶지 않을 때의 대응법을 가졌다는 점에서다. 혼자이지만 함께 있고, 함께 있지만 혼자 있는 것이 가능하다. 단언컨대 대한민국에서 MZ세대만큼 고독과 독립에 내성이 강한 세대는 없었다.

이는 인간관계에서도 명확하게 드러난다. 선배세대들은 '황금 인맥'을 부러워하며 사람 사귀는 법, 호감을 이끌어내는 법, 내 편을 만드는 법, NQ(Network Quotient, 공존지수)를 높이는 법을 주로 공부했다. 하지만 요즘의 인간관계는 엄밀히 말해 '관계 맺기'보다 '거절과 단절'에 관한 것이다. 예전엔 벽 깨기, 아이스 브레이킹이 대세였다면 요즘은 적절한 거리 두기, 벽 쌓기가 대세다. 맺는 법보다 끊는 법, 늘리는 법보다 줄이는 법을 배우고 싶어 한다.

L부장은 한 밀레니얼 직원에 대해 말했다. "전화를 걸기 전에 꼭 대화 연습을 하더라고요. 처음엔 디지털족이 가지는 대면 울렁증 때문인가 생각했죠. 알고 보니 유튜브에서 배운 거절 대화법을 또박또박 읽으며 연습하고 있었어요." 이들은 관계를 맺을 때 본드처럼 엉기기보다 포스트잇처럼 필요에 따라 붙었다 떨어졌다 하고자 한다. 관계로 인한 상처와 흔적을 피하려는 것이다.

연대는 싫지만 제휴는 좋다

동호회 모임에서도 이런 경향을 살펴볼 수 있다. 다양한 연령이 모여 있는 모임에서 막내라는 이유로 총무를 시키는 것은 절대 금물이다. 바꿔 생각해보라. 조직에서도 막내인데 외부에서도 막내 취급을 받는다면 어떻겠는가. 선배세대는 '어쩌다 한 번인데'라고 말하지만 이들은 '가랑비에 옷 젖는다'고 생각한다. 그래서 이들은 정신적인 피로를 겪지 않고 모임의 목적에 맞게, 자신이 원하는 때에 가서 하고 싶은 것만 할 수 있는 모임을 선호한다.

마라톤동호회 활동을 하고 있는 밀레니얼 Y는 3년째 활동하는 모임에서 회원들끼리 통성명도 하지 않았다. 단톡방도 당연히 없다. 매월 행사에 시간 맞춰 참여할 뿐이다. 이들은 관계도 전기 스위치처럼 마음대로 켜고 끄길 원한다. 혼자이고 싶지만 외롭고 싶지 않을 때 연결하면 된다. 개인주의의 편리함과 집단주의의 강점을 활용하고자 한다. 예컨대 마라톤동호회의 경우, 혼자 뛰지 않고 함께 뛰면 서로의 페이스메이커가 돼 완주할 때까지 격려하고 도울 수 있다. 꼭 이야기를 나누지 않아도 옆에 있다는 것만으로 의지가 되어 끝까지 뛸 수 있다.

목적이 같은 사람들끼리의 전략적 제휴는 해외여행까지도 이어진다. MZ세대가 주축이 된 여행 커뮤니티 게시판에는 여행 친구를 구하는 글이 넘친다. 선배세대의 통념은 어떤가? 여행은 웬만큼 친한 친구와 같이 가도 갈등이 빚어지고, 부부의 결혼기념 여행조차 이

혼선언 여행으로 바뀐다고 할 정도다. 그런데 난생 처음 보는 사람과 일정과 목적지가 같다는 이유만으로 동행하다니. 선배세대는 안전상의 이유는 물론이고 그 정서적 불편함을 이겨내지 못한다. MZ세대는 목적과 비용의 편리함으로 그 불편을 감수한다. 서로 간에 무엇을 나눠 부담하고 어떤 것을 간섭하지 말아야 할지 영역과 역할만 분명하면 된다고 생각한다.

인간관계의 의미는?

	베이비부머 세대	X세대	MZ세대
끈끈함	전우애(본드)	개인 존중(조각)	전략적 제휴(포스트잇)
인맥 형성	FOMO	워킹	JOMO
인맥 의미	공존공영	각자 별개	따로 또 같이

우리 회사는 프리미어리그 축구단

호칭 평준화 바람이 거세다. 1~2분 차이로 태어난 쌍둥이도 위 아래를 따지는 우리나라에서 호칭 평준화가 정착될 수 있을까 의심 했던 것도 사실이다. MZ세대가 급부상하면서 위계적 호칭은 의외로 쉽게 무너지고 있다.

MZ세대가 중심인 사외 모임에선 '○○님'이나 영어 닉네임으로 부르는 게 관례일 정도다. 젊은이들과 함께한 모임에 참석해본 50대 베이비부머 CEO는 자신에게 "○○님" 하고 부르는 게 낯간지럽 긴 했지만 나름 편하기도 했다고 밝혔다. 권리에서 동등해진 반면 더 알고, 더 내야 한다는 의무에서도 해방된 느낌이 들어서였다.

또 영어 닉네임을 쓰는 회사가 늘면서 예전에 없던 일이 종종 발생하곤 한다. 어느 글로벌 여가 플랫폼 회사는 남자직원 명단이 유럽 프리미어 축구 리그의 엔트리 멤버를 방불케 한다. 남자직원들이 죄다 유럽 축구선수의 이름을 따서 영어 닉네임을 지었기 때문이다. 호나우두는 그중 남자들이 제일 선호하는 닉네임이라 경쟁이 치열하다. 좋은 이름을 선점하는 데도 권력과 위계가 작용한다는 우스갯소리가 나올 정도다.

택배나 전화를 바꿔주어야 할 경우, '호나우두'라는 닉네임은 아는데 정작 한글 이름은 몰라서 "김철수가 누구야?" 하며 전화를 빙빙 돌리고 인사과에 확인할 때도 있다. 그런 번거로움에도 불구하고 영어 닉네임 사용은 호칭의 권력 역학을 바꾸려는 나름의 고육책이라 할 수 있다.

프로, 매니저, 책임, 선임 등 호칭 단순화로 인한 새로운 풍경도 펼쳐진다. 성이 특별하면 상관없지만 김, 이, 박 같은 흔한 성인 경우 동성이 여러 명일 수밖에 없다. 예컨대 '김프로' 하면 누구인지 모른다. 김프로1, 김프로2, 혹은 김프로A, 김프로B라고 칭하는가 하면 이름의 가운데 글자를 따 부르기도 한다. 예컨대 김철수인 경우 '철프로'라고 불러 구별하는 식이다.

호칭 평준화를 실시한다고 해서 의식 평준화까지 이루어지는 것은 아니다. 그 사이를 끼어들어 세밀한 위계가 발생하곤 한다. 부장, 차장 구별 없이 매니저라고 부르다 보니 은근히 차별이 생겨 '김 매니저'는 부장급 매니저, '김매'는 평직원 매니저라는 보이지 않는 암호가 생기기도 한다. 영어식 닉네임을 쓰더라도 고위직은 이름에 영어로 nim(님)을 붙여 결국 영어 닉네임인데도 제임스와 제임스님으로 구분되는 경우도 있다. 이렇듯 위계를 무너뜨리다가도 다시 새로운 위계를 만들며 호칭 평준화 바람은 확산 중이다.

호칭 덤핑 현상부터 영어 닉네임까지

베이비부머 세대의 호칭법칙은 학번, 사번 우선이었다. '입학(혹은 입사) 연도가 생물학적 나이보다 우선'이 공공연했다. 이 때문에 빚어지는 마찰도 적지 않았다. 회사에선 상사인데 중고교 동창 모임에서는 동기여서 복잡해지는 경우였다.

직원이 상사를 호칭할 때는 부장'님', 상무'님' 등으로 직책에 '님'을 붙여 부르는 게 일반적이었다. 직급을 세분화해서 과장부터 '대우' 직제를 만드는 등 호칭 덤핑 현상이 일어났다. 한마디로 '호칭을 통한 전 직원의 간부화'였다. 월급 차이가 없더라도 호칭 프리미엄의 명예만으로도 대우받는 '대우' 직급이었지만 직원들의 동기부여가 가능했다.

X세대는 스스로 마지막 부장님 세대라고 말한다. 위로는 층층시하 '차장 대우'까지 모셨다. '차장 대우님'이라고 풀네임으로 불렀다가 눈치 없다며 '차장님'이라고 부르라는 호통을 들었다. 곧 불어닥친 수평 조직문화 바람으로 후배를 모두 '○○님'으로 불러야 하는 세대다.

대기업의 경우 CJ가 2000년 처음으로 직책을 불문하고 '○○님'으로 부르기 시작했고, 아모레퍼시픽, SK텔레콤 등이 호칭 평준화를 잇달아 시도했다. 히딩크 감독이 2004년 국가대표 축구팀을 맡고서

3장_"회사가 인생의 전부는 아니지만!"

수평적 소통을 위해 나이를 막론하고 "○○야, 패스!"라고 이름을 부르며 소통하게 한 것이 화제가 됐다.

2004년 팀제가 공식 도입되면서 직급에 따른 호칭에도 본격 영향을 끼쳤다. 2010년대 들어서면서 스타트업을 기반으로 성장한 IT기업들이 미국 실리콘밸리 문화를 접목해 직급과 무관한 호칭을 사용했다. 영어 닉네임 호칭이 출현한 것도 이때다.

MZ세대는 이미 수평 호칭을 실현하고 있다. MZ세대는 정원이 25명 내외인 교실에서 담임선생님은 물론 교과목 교사까지도 출석부 번호가 아닌 이름으로 불렀다. 대학에선 선후배 간에도 낯선 사이에 '씨'라는 호칭을 썼다. 같은 학번이라도 재수, 삼수해서 한쪽이 나이가 많으면 상호 존중한다. 무조건 학번, 사번 우선이라며 밀어붙이는 '조직 우선의 법칙'은 먹히지 않는다.

또 기업의 공채가 줄어들고 경력직, 직무 위주 채용이 확산되면서 입사연도에 따른 상하 판단이 어려워졌다. 이외에 능력주의, 성과주의가 확산되면서 직급체계 자체가 무의미해졌다. 심지어 일부 스타트 기업에선 모든 직원에게 반말을 사용하도록 하고 있다. 효율적 의사소통 방법이라는 이유다. 직원이 자신의 생각을 표현하기 더 쉽고, 빠르게 소통할 수 있다고 생각해서다.

MZ세대와 호칭 소통에 대한 꿀팁

호칭은 단지 호칭 이상의 의미를 갖는다. 위계를 넘어 관계를 형성하는 지표이기 때문이다. 수평적 호칭을 사용하든 않든, 존중의 마음을 담아 표현하는 것은 필요하다. MZ세대와 자연스러운 호칭 소통에 대한 팁을 몇 가지 소개한다.

첫째, 조직문화와 보조를 맞추자. MZ세대라고 수평적 호칭만을 선호하는 것은 아니다. 직급에 따른 승진과 호칭이 성취동기를 자극한다는 이들도 많다. 밀레니얼 직원 중엔 "나이 차, 직급 차가 많이 나는 상사를 이름으로 부르려니 말 떼기가 어려워져 대화를 더 피하게 된다."고 말하는 이도 있다.

호칭 평준화를 하려면 업의 특성, 직급체계, 보상과 평가체계, 직원의 세대 구성 등을 종합적으로 고려할 필요가 있다. 활발한 의사소통을 통해 창의적 아이디어를 내는 것이 필요하다면 수평적 호칭이 맞지만, 도제식 업무 전수나 구성원 간 전문성, 경험, 나이 차이가 크고 전달, 육성에 오랜 기간이 걸린다면 수직적 호칭이 더 맞을 수 있다. 요컨대 수평적 호칭은 옳고 그름이 아니라 조직 문화와 정합성에 달렸다.

둘째, 대외관계를 정리해주자. 일부 기업에선 이 문제를 해결하기 위해 대외용 명함을 별도로 만들기도 한다. 진정성, 투명성을 중시하는 MZ세대가 난감해 하는 게 이 같은 '눈 가리고 아웅' 식의 이원화 시스템이다. 3년차 밀레니얼 직원 K는 이런 고충을 토로했다.

"호칭은 똑같이 매니저로 부르지만 엄연히 보이지 않는 위계가 존재해요. 겉으론 동등하다고 말하기 때문에 누가 더 높은지 잘 몰랐어요. 수평 호칭일수록 눈치가 더 필요하죠. 신입사원 때 외부 고객 미팅 후 누구에게 먼저 보고해야 하는지 헷갈렸어요. 대충 짐작으로 이야기했는데 실무자가 자신을 건너뛰고 차장급과 직거래한 건방진 초임으로 오해했다는 것을 뒤늦게 알고 진땀을 흘렸죠." 위계가 있으면 보고 체계를 분명히 알려줘야 한다.

셋째, 나이, 직급과 관계없이 최대한 존중하자. 이름으로 부르거나 말을 놓으려면 상대의 요청과 양해를 얻은 후에 하라. 까마득하게 나이 차이 나는 후배들에게 인기가 좋은 K원장의 호칭 팁은 존칭어 사용이다. 정감 어리게 부른답시고 "○○야."라고 부르거나 반말을 하는 것은 금물이다. MZ세대는 말을 대뜸 놓는 게 친해지려는 노력으로 보이기보다 하대하는 느낌이 든다고 한다. 나이와 직급을 불문하고 존중하는 예절을 갖춰서 나쁠 것은 없다. MZ세대는 부담스러워할 것이란 걱정은 접어두라. 당연하게 받아들일 것이다.

넷째, 이메일이나 문자에서도 호칭에 유의할 필요가 있다. 조직 내 호칭에 따라 '○○프로께', 조직 내 직급을 모른다면 '담당자께', '선생께' 정도가 무난하다. '씨'는 요즘 가장 조심해야 할 호칭이다. 중견 기업의 L대표는 자식뻘 되지 않는 바에는 '씨'를 사용하지 않는다는 원칙을 정해놓았다. 알쏭달쏭한 관계라면 더욱 반감을 일으키기 쉽다. 사전적 의미에선 '씨'가 상대방을 높이거나 대접해 부르는 말이지만, 현실에서는 낮추는 뉘앙스가 강하기 때문이다.

직장 내 호칭 변천사

	베이비부머 세대	X세대	MZ세대
특징	수직적 호칭	수평적 호칭 맹아기	호칭 춘추전국시대
트렌드	-남녀 성차별 (미스, 미스터) -입사 연도가 출생 연도보다 우선	○○님, ○○프로 등 호칭 평준화 시도	영어 닉네임, 프로, 책임, 선임, 매니저, ○○님 등 다양한 호칭
환경변화	-산업화, 효율적 조직문화 중시	-팀제 도입	-팀제 정착 -공채 축소 -개인주의, 수평적 조직문화 중시

혼밥 vs. 떼밥

#에피소드_ 직원이 혼자 점심을 먹겠다고 한다.

선배세대 "혼밥은 사회성 없는 사람이나 하는 거야. 사회적 자폐지."

MZ세대 "떼밥만 되고 혼밥은 안 되는 건 독립성 없는 사람이에요."

퇴근 후 함께 저녁 먹자는 제안에 직원들이 거절해서 속으로 삐친 적은 없는가? 회식 때 2차에서 슬쩍 빠진다고 할 때 강력하게 붙잡지 않아 내심 섭섭한 적은 없는가? 일하다 보니 점심이 늦었는데 모두 우르르 빠져나가 점심을 아예 건너뛴 적은 없는가? 식당에서 혼자 먹는 것을 보이기 싫어서 김밥을 사다 책상에서 먹은 적은 없는가?

기성세대가 혼밥에 알레르기를 보이는 것은 알고 보면 남의 시선을 의식해서다. '혼자 밥을 먹는 게 리더십 부족으로 보이지 않을까' 하는 걱정 때문이다. 예전에 '식사 당번'이라 해서 상사의 약속이 펑크 나면 상사를 위한 밥상 대기 순번을 정한 것도 그와 연관 있다. 이제부터 고독을 두려워하기보다 적극적으로 즐겨보자. 혼밥을 즐길 줄 알아야 떼밥도 즐길 수 있다.

혼밥은 꼰대가 아닌 어른으로 자립하는 것과도 일맥상통한다. 리더들은 권력과 직위에 적응되면 후배들에게 의지하게 된다. 그러면 점점 고독과 고립을 견딜 힘이 약해진다. 대우를 받는 것 같지만 사실은 사회성이 약해지는 것이다. 혼자 밥을 먹으며 생각을 곱씹고 되돌아보며 고독에 대한 내성을 키울 필요가 있다.

후배에게 아쉬운 소리를 하지 않는 것만 해도 좋은 리더의 첫 단추를 끼우는 것이다. 퇴직 준비도 마찬가지다. 퇴직 이후에 무엇을 해서 먹고살 것인지 거창하게 준비하거나 학습하는 것보다 간단한 끼니는 직접 조리하는 것부터 시작해야 한다. 자생력, 자립력 모두 확보돼야 어디에 가도 꿀리지 않는다.

40, 50대의 중년들과 속 깊은 이야기를 나누다 보면 '꼰대들의 속살'이 드러난다. 이들은 갑각동물처럼 겉으로는 딱딱해 보이지만 속은 여리다. 몇몇 꼰대들은 고독 내성 부족을 사적 공간이 부족한 데서 찾기도 했다. 집에서나 회사에서나 혼자 있을 공간과 기회를 갖지 못해 늘 공동체, 집단에 의지해야 안심하게 됐다는 분석이다. 중년 남자들이 '나는 자연인이다' 프로그램에 열광하는 이유가 무엇이겠는가?

50대의 대기업 임원인 M은 집에 자신만의 공간이 없고, 대우받지 못하고, 혼자 있는 시간을 갖지 못하다 보니 사무실이 집보다 편하고, 직원이 가족보다 편하게(만만하게) 되었다고 고백했다. 꼭 '일'이 아니라 '휴식'을 위해서 사무실을 찾는 경우도 없지 않다. 그는 자타

공인 경제적으로 상류층, 영향력 면에서 지도층에 속하지만 자신을 위한 투자 면에선 하류층이란 생각이 들어 허탈하다고도 말했다.

"나를 위한 케렌시아(마지막 일전을 앞둔 투우장의 소가 잠시 쉴 수 있도록 마련해놓은 곳, 재충전의 공간이란 의미)가 없어요. 얼마 전 나만을 위해 안마의자를 하나 주문하는 데도 얼마나 많이 망설였는지 몰라요. 직장 생활 30여 년인데 이것 하나 마음대로 못 사나 생각하니 슬퍼져 질렸습니다. 나만을 위한 물건은 처음 산 것 같아요."

또 다른 50대의 임원 S 역시 비슷한 고백을 했다. "나는 누구인가, 지금까지 이뤄온 것은 무엇인가란 생각이 요즘 들어 부쩍 많이 들어요. 손가락 사이로 모래알이 빠져나가는 듯한 기분도 들고요. 저는 퇴직하면 제 공간만은 꼭 만들 생각입니다. 주말마다 알아보러 다니는데요. 땅값 싼 데다 컨테이너 박스를 마련하면 생각보다 그리 비용이 많이 들진 않더군요. 아내에게도 벌써 이야기해놓았어요. 반찬 안 해줘도 되고 청소도 안 해줘도 되니 그냥 간섭하지만 말아 달라고요."

또 다른 중년 K도 그 말에 동의했다. "스트레스가 쌓일 때 여자들은 수다를 떨며 푸는 경향이 있다면, 남자들은 반대의 경우가 많아요. 여자들에겐 부엌이 노동공간이자 가정 내 지배 영역이잖아요. 우리는 집 안에 그런 지배 영역이 없어요. 안방에서 나와 거실 소파에서 새우잠을 자는 걸로 '혼자 있고 싶다'는 심리를 간접으로 표현합니다."

꼰대의 혼밥력 부족, 고독 내성 부족이 공간 확보로 해결될지는 미지수다. 하지만 중년 남자들에게 사유의 개인 공간이 필요하다는 주장은 설득력이 있다.

리더라면 고독을 회피하지 말고 직면하라

쓰나미가 닥쳤을 때 피하는 방법은 가장자리로 피하는 것이 아니라 중심으로 전진하는 것이다. 같은 고독이라도 이를 어떻게 받아들이고 활용하느냐에 따라 상처가 되기도 하고, 아름다운 무늬가 되기도 한다. 고독을 독으로 만들 것인가, 힘으로 만들 것인가는 당신의 대처에 달려 있다. 그렇다면 구체적으로 어떻게 고독을 마주할 것인가?

첫째, 떼밥의 방식을 바꿔보자. MZ세대가 함께 먹는 점심을 무조건 싫어하는 것은 아니다. 그들은 혼밥의 장점으로 좋아하는 메뉴를 선택할 수 있는 점, 듣기 싫은 이야기를 듣지 않아 감정노동을 하지 않아도 되는 점, 시간이 절약되는 점 등을 꼽는다. 뒤집어 이야기하면 이런 문제점을 해결하면 함께 정을 나누며 먹는 떼밥도 좋다는 이야기다. 즐겁게 이야기하고, 각자 먹고 싶은 메뉴를 선택하고, 시간을 절약할 수 있는 메뉴를 선택하면 된다. 매번 같이 먹을 필요는 없다. 경우에 따라 혼밥도, 떼밥도 하면서 말이다.

실제로 '밥심'의 힘을 보여주는, 주목할 만한 연구결과가 있다. 미국 코넬대 교수 케빈 니핀Kevin Kniffin에 의하면, 식사를 함께하는 것이 팀의 업무성과를 높이는 데 기여하는 것으로 나타났다. 연구진이 중소 도시의 소방서 13곳을 방문해 395명을 설문조사한 결과, 식사를 자주 함께하는 팀원들일수록 협력적이었다.

둘째, 혼밥을 적극적으로 시도해보자. 나에게 집중하는 시간과 공간의 '의식ritual'이라고 생각을 전환해보자. 직장인들이 개인적인 시간을 내기 힘들다고 하지만 시간은 만드는 것이다. 집에 내 공간이 없으면 좋아하는 카페에 가서 책을 읽으면서라도 일주일에 한 번, 퇴근 후 2시간만이라도 자신만의 행복의식 시간을 마련해보자. 내 말을 좀 들어달라고 구걸하는 시간을 줄일 수 있다. 참고로《군주론》의 마키아벨리가 자신을 위해 마련했던 '일과 후의 행복충전' 의식을 소개한다.

"밤이 되면 집에 돌아가서 서재에 들어가는데, 들어가기 전에 흙 같은 것으로 더러워진 평상복을 벗고 관복으로 갈아입네. 예절을 갖춘 복장으로 몸을 정제한 다음, 옛사람들이 있는 옛 궁정에 입궐하지. 그곳에서 나는 그들의 친절한 영접을 받고, 그 음식물, 나만을 위한 그것을 위해서 나의 삶을 점지 받은 음식물을 먹는다네. 그곳에서 나는 부끄럼 없이 그들과 이야기를 나누고 그들의 행위에 대한 이유를 물어보곤 하지. 그들도 인간다움을 그대로 드러내고 대답해준다네. 그렇게 보내는 4시간 동안 나는 전혀 지루함을 느끼지 않네. 모든 고뇌를 잊고 가난도 두렵지 않게 되고 죽음에 대한 공포도 느끼지 않게 되고 말일세…."

둘째, 회사 밖에 관심을 갖고 사회 트렌드를 읽자. 어느 직급까지 올라갔든, 현직을 떠난 후 후회하는 것은 퇴근 후 시간을 알차게 활용하지 못했다는 것이다. 바쁘다고 하지만 회식 시간만 줄여도 틈새 시간을 만들 수 있다. 회사 일에만 열중하다 보면 오히려 회사 밖의 큰 시류, 트렌드를 놓치기 쉽다. 고독할 시간을 가지면 오히려 세상을 잘 살필 수 있다.

당신의 '발가벗은 힘'은 무엇인가?

"가슴 뛰는 일을 하라고 후배들한테는 이야기하죠. 정작 내가 가슴 뛰는 일은 무엇인지 모르겠지만요." 퇴직을 앞둔 50대 중반의 한 대기업 중역이 허망하게 털어놓았다. 자녀의 대학 진학을 앞두고 진로를 논의하다 보니 자신의 처지와 같더란 것이다. 늘 궤도에서 이탈하지 않으려 했고 남보다 앞서려고 노력해왔다. 임원 승진이 인생의 일시적 목표일망정 영구적 꿈은 아니었지만 말이다. 경주마처럼 차안대를 낀 채 외길로 뛰어왔다.

중견기업에서 임원으로 퇴직한 K는 현재 창업스쿨을 다니며 2막을 준비 중이다. "밖에 나와 보니 30년 조직생활이 아무것도 아니더군요. 나름 스마트하다고 자부했는데 이젠 명함 없는 동네 아저씨예요. 오히려 매출 1~2억 원의 작은 스타트업 기업 파운더 3년차보다도 MZ세대의 주목을 못 받아요. 첫해 500만 원으로 시작해 매출 1억 원 올리면 20배 성장한 거잖아요. 반면에 20억 원 이상의 매출을 올린 기업에서 일한 임원은 아무것도 아닌 거죠. 좀 씁쓸하죠. 지금껏 힘들게 쌓은 내 경력은 무엇인가 다시금 의미를 생각해보게 됩니다."

MZ세대에게 꼰대라고 비판받는 원인을 생각해보면 사유력 결핍 탓이 크다. 꼰대가 꼰대인 줄 알면 이미 꼰대가 아니란 말이 있듯이, 자기 인식 없이 상대에게 강요하고 요구하는 것은 지혜도 조언도 아니다. 독단성은 자신만의 시간, 공간을 갖지 못하는 데서 비롯된다. 정작 내가 누구인지 생각할 시간은 갖지 못했다. 젊었을 때는 무조건적인 열정이 아름다울 수 있지만, 나이 들어선 무엇을 하면 안 되는지 분별할 줄 아는 것이 더 멋있어 보인다.

한 모임에서 만난 40대의 S차장은 중년관리자의 자기정체성 인식 부족을 말했다. 그는 퇴직하고 나서 공공기관 교육 프로그램을 이수하며 성격유형 검사를 처음으로 받아보았다. 최근에 애니어그램 성격 진단을 받고서 자신의 성격유형을 비로소 파악할 수 있었다. 왜 작은 일에도 더 심하게 화를 내고 민감하게 반응했는지 비로소 본인을 이해할 수 있었다.

"내 성격을 파악하니 나에 대한 이해가 쉽더군요. 신기해서 내가 받은 검사 결과를 고2 딸에게 자랑하듯 말했어요. 그랬더니 아이가 심드렁하게 '아빠, 이제야 아빠 성격유형을 알았어요? 우린 중학교 때부터 받아요'라고 말하는 겁니다. 충격에 머리가 띵하더군요. 할 말이 없었어요."

MZ세대는 중학교 때부터 자기소개서를 쓰고 끊임없이 자신을 점검하고 업그레이드한다. 고등학교 진학 때, 대학교 때, 취업을 위해서, 또 이직하면서 이들은 '나는 누구인가'를 생각하지 않을 수 없다. 여러 가지 진단검사를 받으며 자기가 누구인지 끊임없이 생각해 온 세대다.

선배세대는 이력서 세대지만 이들은 자소서(자기소개서) 세대다. 이력서는 그간 한 일, 해놓은 일을 몇 줄을 쓰면 충분했지만, 자소서는 '자소설(자소서+소설)'이란 말이 있을 정도로 구구절절 스토리가 담겨야 한다. 이들이 선배세대를 존경하기 힘들다며 꼰대라 부르는 것은 '성취를 얕보아서'가 아니다. '성취한들, 성실한들 행복하기 힘들구나. 조직에 헌신해도 헌신짝 신세구나' 해서다. 그러니 선배세대가 행복해 보이기만 해도 꼰대란 멸시에서 벗어날 수 있다

사실 중간관리자들이 일과 생활에서 균형 있는 모습만 보여줘도 밀레니얼 직원의 퇴사는 한결 줄어들 수 있다. 이들은 장대한 비전이 아니라 선배, 특히 가까이서 접하는 중간관리자를 살아 있는 비전으로 보기 때문이다. 밀레니얼은 이들 선배세대가 '헐값에 처리'되고 '연기처럼 사라지는' 것을 보며 '하마터면 열심히 일할 뻔했다'고 생각하게 된 것이다.

"옛날 사람들은 자기 자신을 위해 배웠지만, 오늘날은 남에게 잘난 척하기 위해 배운다(古之學者爲己, 今之學者爲人)." 공자는 남의 인정을 받기 위한 공부를 하지 말고 스스로를 위한 공부를 하라고 말한다. 여기서 공부는 삶으로 바꿔 말해도 무방하다. 출세든, 성공이든 남의 시선에 얽매여 할 것이 아니라, 자기 자신을 위해 살아야 한다. 남의 인정에 급급하다 보면 결국 자신을 상실하게 된다. 조직에 충성은 안 해도 일에 대한 헌신은 필요하다. 그러나 조직에서 얻을 수 있는 것은 보수뿐만 아니라 역량과 자기 파악이다.

퇴직한 직장인들을 만나며 '직장생활 중 가장 후회스러운 일이 뭐냐'고 물었다. 표현은 달랐지만 메시지는 하나였다. 성찰의 시간을 가지지 못했다는 것이었다. 남을 위하느라 잃어버린 나를 다시 찾아

3장_"회사가 인생의 전부는 아니지만!"

오자. 퇴직을 앞두었거나 퇴직했다면 인생 2막을 앞두고 자기소개서를 다시 작성해보라.

우선 나력裸力 계산서부터 작성해보자. 나력은 알프레드 테니슨의 시 '참나무'에서 나오는 말이다. 잎사귀가 다 떨어지고 난 뒤의 앙상한 나무가 가지는 본질적인 힘이다. 이는 개인의 삶에도 적용된다. 당신의 현재 시장 가격은 조직 브랜드와 직위와 개인 가치의 총합이다. 총 가격에서 조직 브랜드 값, 직위 값을 빼보았을 때 당신의 순수한 가치와 경쟁력은 무엇인지 알 수 있다.

당신이 가진 차별성은 무엇인가? 나력 값이 직위 값, 조직 브랜드 값보다 클수록 존경받을 것이고, 그렇지 않을수록 외면받을 것이다. 나력 계산법을 음미하다 보면 직위나 회사 브랜드를 자신의 실력으로 착각하는 오만한 착각에 빠지지 않을 수 있다. 꼰대란 소리가 저절로 사그라들 것이다. 나의 나력, 발가벗은 힘은 무엇인가를 알 때 주제넘은 푼수나 간섭이 아닌 어른의 지혜가 생기고 진정한 조언을 할 수 있다.

의자혁명이 불러온 의식혁명

#에피소드_자율좌석제가 시행됐다.

베이비부머 세대 "의자는 권력과 서열의 상징이지."

X세대 "우리가 팀 간 소통에 병목현상을 일으킨다고? 나는 게이트 키퍼라고 생각했는데…."

MZ세대 "팀장님 옆에 앉으면 하루 종일 일이 안 돼. 팀장님 옆자리를 피하려면 일찍 출근해야겠다."

사무실의 의자, 선배세대에겐 서열과 권력의 상징이라면 후배세대에겐 워라밸의 상징이다. 선배세대에게 의자는 서열이다. 경력이 쌓이는 만큼 의자가 뒤쪽으로 이동하고, 마침내 독립된 방과 푹신한 소파를 갖는 꿈을 꿨다. 상사는 목받침이 있는 회전의자를 상상하지만 밀레니얼은 푹 파묻혀 쉴 수 있는 색색의 1인용 쿠션 소파를 떠올린다. 이른바 '의자를 빼는' 자율좌석제가 실시되면서 발생한 의자혁명은 조직문화에 지각변동을 일으키고 있다.

자율좌석제는 '보수적인 분위기에서 혁신이 나올 수 없다'는 문제의식에서 나왔다. '핫 데스킹hot desking'으로도 불리는데, 잠수함 등에서 공간을 절약하기 위해 침상 하나를 여러 명이 돌아가며 쓰도록 하는 해군 관행을 뜻하는 '핫 래킹hot racking'에서 유래했다. 집중업무(1인 칸막이 설치), 협업 구역, 커뮤니케이션 구역 등으로 나눠져 있다. 구성원이 스스로 일할 공간을 선택한다는 데 의미가 있다. 임원부터 직원까지 평등하게 키오스크에서 그날그날 좌석을 선택한다. 의자도, 책상도, 서열도 모두 평등하다.

개인실을 졸지에 잃은 한 임원은 '희생을 통한 혁신'이라고 말하면서도 쓰라린 표정을 감추지 못한다. 중간관리자는 "보고를 받으려면 팀원 찾아 3만 리예요. 반면 임원들에게는 꼬박꼬박 찾아가 보고해야 하니 불편하죠."라며 이중고를 호소한다.

한 회사에서는 말년 부장들이 아침에 일찍 출근하다 보니 시간이 맞아 나란히 앉게 됐다. 위에서 곧바로 시정 지시가 내려왔다. 말년 부장들끼리 한 테이블을 차지하고 있으면 칙칙하고 분위기가 안 좋다며 떨어져 앉으란 것이었다. 이래저래 책상도 빠지고 의자도 빠져 심란한데 이젠 앉고 싶은 자리에 앉지도 못하니 더 비감스럽다고 고백했다.

반면 MZ세대는 이 같은 자율좌석제가 낯설지 않다. 일찍부터 학교에서 과목별로, 수준별로 교실을 이동하며 수업을 받았다. 대학에서 도서관 좌석도 키오스크로 좌석을 선택하고 개인 사물함을 사용하며 늘 이동했기 때문이다. 이들이 자율좌석제에 대해 불편해 하는 것은 시스템이 아니라 문화다. 팀장이나 선배 옆에 앉으면 불편해서 종일 일이 안 된다고 말한다. 그러지 않으려고 일찍 출근하는 진풍경을 연출한다.

한국리서치가 밀레니얼 직장인을 대상으로 한 조사결과에 따르면 "만일 선택할 수 있다면 고정좌석제와 자율좌석제 중 어느 쪽을 선택할 것인가?"라는 질문에 단지 9%만이 자율좌석제라고 답했다. 일각에선 자율좌석제가 "구성원을 위한 수평적 조직문화 혁명이 아니라, 사무실 운영(임대)비 절약을 위한 꼼수"라고 비판한다. 실제로 1인당 사용면적은 고정좌석제에 비해 상대적으로 좁아진 경우가 더 많기 때문이다.

자율좌석제 실시 후 사교의 중심이 끽연에서 다연茶緣으로 옮겨간 것도 재미있는 현상이다. 늘 구석이던 탕비실이 사무실의 심장으로 떠올랐다. 우스갯말로 베이비부머 세대에겐 학연이, X세대에겐 끽연이 중요했다면 이들 밀레니얼에겐 다연이 중요해졌다. 팀 간, 구성원 간의 자연스러운 접촉이 탕비실에서 이루어지기 때문이다. 탕비실은 선배세대들에겐 없었거나 차를 준비하던 자투리 공간이었지만, 간식과 고급커피가 갖춰진 오늘날의 '탕비실'은 회사의 심장이다. 그곳에서 구성원들이 자연스럽게 정보와 대화를 나눈다.

자율좌석제 사무실의 장점과 단점에 대해서는 개선인가, 개악인가 여전히 의견이 분분하다. 자율좌석제의 표면적인 목적은 서열 간 위계, 부서 간 경계를 없애고 수평화하려는 것이다. 찬성 쪽에선 "이

옷 부서가 무슨 일을 하는지 자연스럽게 알게 돼 업무의 이해도가 높아지고, 창의적 아이디어가 향상된다."고 주장한다. 반대 입장에선 개방형 오피스가 도리어 직원 간의 대면접촉을 줄인다고 지적한다.

관리자는 병목현상의 주범인가, 게이트 키퍼인가

실제로 하버드대 경영대학원의 이선 번스타인Ethan Bernstein 교수 등의 연구에 따르면, 자율좌석제 실시 후 직원들 간 대면접촉 시간이 70% 줄었고, 인스턴트 메시지로 대화하는 횟수가 67% 늘어났다. 의도한 대로 팀 간 상호작용은 증가했으나 팀 내 상호작용은 크게 감소했으며, 혼자 일하는 시간은 1.26배 증가해 오히려 자기중심성이 더 강화된 것으로 나타났다. 팀 간 상호작용 증가는 직원들이 관리자를 거치지 않고 직접 담당자에게 찾아가서 이슈를 해결하고 업무를 처리했기 때문이다. 관리자를 건너뛰고 직거래한 것이 과연 긍정적 효과만 낳았을까? 이에 대해 번스타인 교수는 부정적인 견해를 내놓는다.

"데이터로만 보면 관리자는 커뮤니케이션의 병목구간이었지요. 여기엔 맹점이 있었습니다. 실제적으로 관리자는 커뮤니케이션의 장애물이라기보다 품질통제의 게이트 키퍼 역할이 더 컸습니다. 관리자를 건너뛴 팀 간 거래가 늘자 각종 문제가 발생했어요. 6개월 뒤 생산성은 하락하고 고객 불만도 급증했습니다."

혼자서 처리하기보다 회의에 참석해서 구체적인 지침을 받았더라면 더 나은 성과를 더 효율적으로 냈을 것이란 지적이다. 결국 자율좌석제에 위험요소가 더 많은 것으로 드러나 고정좌석제로 돌아간 회사도 있다. 또 다른 대형 소프트웨어 회사도 비슷한 실험을 통해서 대면 상호작용의 90%가 각자의 데스크에서 이루어진다는 점을 발견했다. 단 3%만이 공동영역에서 이뤄졌고 나머지는 회의실에서 이뤄졌다. 자율좌석제는 협업을 촉진하긴커녕 방해했다는 결과다.

진정한 협업이 이루어지게 하려면 하드웨어나 사무실 공간을 전격적으로 변경하는 것보다 소프트웨어인 조직문화를 바꾸는 게 더 중요하다. MIT의 벤저민 와버Benjamin Waber 교수는 미국의 한 콜센터 직원들을 대상으로 실험을 했다. 해당 센터에서 2개 팀을 실험군으로 선정해 한 팀은 쉬는 시간을 함께 보내며 잡담을 나누도록 했다. 반면 다른 한 팀은 쉬는 시간을 한 사람씩 돌아가면서 따로 정해서 대면하며 대화할 수 없는 환경을 만들었다.

3개월 후 어떻게 되었을까? 팀원들과 함께 휴식시간을 보내며 잡담을 나눈 콜센터 직원들은 그렇지 않은 팀에 비해 근무만족도가 10%포인트 높아졌다. 콜센터의 성과지표인 평균 콜 처리시간 역시 8%포인트 향상됐다.

온라인 소통과 협업이 대세라고 하지만 근접성과 친밀감은 여전히 중요하다. 공감의 소통을 하기 위해선 결국 대면소통이 필요하다. 소통이 활발해질 수 있는 문화를 조성하는 것이 더 유용하다. 팀워크를 강조하는 회사들은 '구성원들의 잦은 만남'이 필연이 되도록 공간을 설계하고 배치한다. 탕비실을 중앙에 두거나, 공동의 광장을 만드는 등 의도적으로 아날로그 소통공간을 만드는 식이다. 어느 회사는 신규직원 책상에만 쿠키통을 놓아 다른 직원들이 그 자리에 자주 들르게 만들었는데, 그런 작은 변화만으로도 교류가 증가했다. 특히 주목해야 할 것은 중간관리자가 병목현상을 일으키는 것이 아니라 게이트 키퍼로서 중요한 역할을 담당한다는 것에 대한 확인이다. 결국은 소프트웨어, 관심과 조직문화가 답이다.

사무공간의 변화

	베이비부머 세대	X세대	MZ세대
분위기	같이, 노출	따로, 사생활 존중	'따로 또 같이'의 협업과 소통, 사생활 존중
배치	대향식(마주 보는 방식), 배향식(앞사람 등을 보고 일하는 방식)	파티션 설치	개방형 사무실, 수평적 공간
인맥	학연(근무 후 별도모임)	끽연(근무 시간 중 흡연실)	다연(사무실 내 탕비실)
커피	커피를 시키다 (서무 전담 여직원 존재).	커피를 타다 (자판기 또는 믹스커피를 스스로).	커피를 내리다 (커피머신 존재).

핫한 회사, 쿨한 회사, 힙한 회사

#에피소드_좋은 회사의 조건

베이비부머 세대 "이름만 들어도 아는 떠르르한 대기업이 좋은 회사지. 어디 가서 자랑하기도 좋고."

X세대 "다국적 기업의 글로벌 마인드를 배울 수 있는 쿨한 회사가 좋은 회사지."

MZ세대 "유명하지 않더라도 독특한 문화를 가진 힙한 회사가 좋은 직장이죠."

MZ세대 구직자들은 회사의 규모나 급여 수준보다 자유로운 근무환경, 열린 조직문화 같은 무형의 혜택에 더 큰 가치를 부여한다. 즉, 좋은 회사보다 좋은 직장을 원한다. 베이비부머 세대는 국내 대기업, 모든 사람이 알아주는 '핫한' 기업을 선호했다. 그곳의 명함을 가지면 만사형통이었고 일도 수월해졌다. 세계화의 바람을 쐰 X세대가 선호한 직장은 다국적 기업이었다. 국내 기업보다 복지가 좋을 것이란 기대 때문이었다. 말하자면 '쿨한' 조직에 대한 기대였다.

MZ세대에게 좋은 직장은 대기업도, 외국계 기업도 아니다. 안정성이 보장된 공공기관을 제외하고 떠오르는 곳은 '힙한'(대중의 큰 흐름을 따르지 않고 자신들만의 고유한 취향을 좇는 것) 조직문화를 가진 직장이다. 기성세대는 모두가 아는 곳을 원하지만 이들은 남들이 모르는 곳도 아랑곳하지 않는다. 이들은 힙한 조직에서 일하고 싶어 한다.

자존심 세울 회사보다 자존감 키울 회사

"너 다니는 직장은 연봉이 얼마니?", "내 친구 아들은 대기업에 취직했는데 최소 얼마는 받는다더라." 밀레니얼 세대인 K는 명절 때면 친척들의 비교와 줄 세우기에 스트레스가 쌓인다. 학창시절엔 학교 간판으로, 취직해선 회사 간판으로 사람을 평가하는 게 답답하다.

고성장시대의 부모세대가 '재財미'로 일했다면 저성장시대의 밀레니얼 세대는 '재미와 의미'가 더 중요하다. 크고 강한 기업보다 착한 기업, 하고 싶은 일을 할 수 있는 흥미진진한 조직, 자신이 좋아하는 브랜드의 기업이나 일에 청춘을 바치고 싶어 한다. 이들은 미래의 야심보다 현재의 진심을 소중히 여긴다. 이는 대학 학생회의 선거 공약만 봐도 알 수 있다.

2019년 서울대 총학생회에서 선거 공약 중 하나는 '학생식당에서 볶음밥 먹을 때 짬뽕 국물이 곁들여지게 하겠다'였다. 1980년대였다면 개그 혹은 야유의 대상이었을 공약은 대대적인 호응을 이끌어냈다. 허황된 공약을 내세우며 큰소리를 치기보다 콩알 반쪽도 나눠 먹으려는 따뜻한 배려와 진정성을 높이 평가받았기 때문이다.

　MZ세대는 이전 세대처럼 외형과 규모에 감탄하거나 혹하지 않는다. 이들이 취향에서 '핫함'보다 '힙함'을 추구하듯, 좋은 직장 역시 큰 곳보다 유니크한 곳, 자신의 취향, 지향과 맞는 곳이다. 작더라도 삶의 질을 보장받고, 자존감을 지킬 수 있는 곳이다. 내가 행복하게 일할 수 있어야 좋은 일이고, 좋은 회사다.

진정성이 답이다

　이런 경향은 회사 홍보나 구인 풍속도 바꿔놓고 있다. 예전엔 각 회사의 채용공고는 천편일률적이었다. 인재상이라고 해봐야 '열정과 창의성을 가진 젊은이'처럼 두루뭉술했다. 회사 평판은 재계순위나 외부기관에서 받은 트로피가 공식인증이었다.

　밀레니얼에게 이 같은 채용공고는 광고 혹은 허례허식이다. 양적 지표보다 질적 지표를, 정량 평가보다 정성평가를 중시한다. '다른 회사보다 좋다'보다는 '특별하다'를 강조해야 반응한다. 언론에 대서 특필된 CEO 인터뷰보다 현재 다니고 있는 말단 직원들의 진솔한 경험담을 더 신뢰한다. 밀레니얼은 영화 한 편을 고를 때도 평점을 반드시 확인한다. 구직 선택에서도 마찬가지다.

　예전엔 구직자에게 자소서를 일방적으로 요구했지만, 이젠 이들도 회사의 진술한 소개를 살펴 합을 맞춰보고자 한다. 구직자에게 '소설' 말고 '소개'를 요구하듯, 이들 역시 회사에게 같은 것을 원한다. 일부 기업에서 챗봇까지 동원해 지원자들의 질문에 즉각적, 구체적으로 답을 주고, 유튜브 질문에 일일이 댓글을 달아주는 정성을 기울이는 회사도 있다. CEO나 임원보다는 최근 입사한 비슷한 또래 신입직원이 밀레니얼의 눈높이에 맞게 회사, 직무 등을 재미있게 소개하는 것도 좋은 전략이다.

요즘 뜨는 채용 트렌드는 재미있는 조직문화를 강조한 구인공고다. 실제로 인천의 한 중소기업은 규모도 작고 위치도 상대적으로 좋지 않은 편이지만, 채용공고가 난 즉시 인터넷을 뜨겁게 달궜다. 생산 분야 직원 2명을 뽑는 채용공고에 1,536명이 지원했다. 무려 768대 1의 경쟁률이었다. 비결은 아래와 같은 힙한 채용공고 덕분이었다.

- **회사 분위기**: 가족 같은 분위기를 기대하셨다면 우린 이미 가정 파괴되었음.
- **철저히 수평구조**: 업무보고 체계 없음. 보고용 문서도 없음. 오로지 나를 위한 자료뿐.
- **지시(명령)보다는 협조를, 비난보다는 이해를 하는 대표 이하 직원.**
- **낮은 이직률**: 창립 멤버 그대로 유지. 그 외 5년 이상 근무 대다수.
- **모두 근무시간에 업무로 하얗게 불태우고 6시에 집에 감**(늦게까지 일한다고 일 잘하는 거 아님).
- **향후 대표 목표는 주 4일 근무 or 자율출퇴근제 도입.**
- **회의는 필요한 것만 하며 극소수**(회의 많은 회사는…).
- **입사하고 다녀보면 다른 회사는 못 감**(자율성에 1차 실신, 깨알 같은 복지에 떡실신).

이 회사에 근무하는 직원이 자신이 구직자일 때 알고 싶었던 사항을 재미있게 구성한 것이 효과를 발휘한 것이다. 재미있을 뿐만 아니라 구직자의 가려운 곳을 긁어주는 알맹이가 담겨 있다.

비전, 미션 같은 원대한 이야기보다는 구체적이고 손에 잡히는 경험을 전달해주어야 한다. 가령 어느 회사에서 '글로벌 비전 도약' 운운하며 밀레니얼 직원들에게 '글로벌'의 의미를 물었다. 선배세대는 '5대양 6대주 지점 ○○개 확대' 같은 답을 기대했지만, 밀레니얼 직원의 답은 뜻밖이었다. "내 옆에서 외국인 동료가 일하는 것입니다."

매슬로의 5단계 욕구에서 선배세대는 안전욕구만 해결되어도 감지덕지였다. 선진국에 진입한 오늘날, 기초생계는 국가가 보장해주고, 밀레니얼은 아직 부모의 경제적 도움을 받는 비율도 높다. 그래서 출발부터 자아실현 욕구에서 시작하는 경우가 많다. 밀레니얼이 경제적 풍요나 외형적 성취보다 삶의 질과 가치를 더 중시하는 이유다. 그러다 보니 자부심을 가지고 일할 수 있는 조직인지, 내 상사는 전문성과 성실성과 비전을 두루 갖춘 롤모델인지, 이 직장에서 성장할 수 있는지, 재정적 보상이 공정한지, 구성원을 인간적으로 존중하는지, 일 자체가 재미있고 할 만한지를 꼼꼼히 따질 수밖에 없다.

밀레니얼 직원들의 입사 유인책은 퇴사 원인과도 직결된다. 일단 들어오면 직접 맞부딪쳐서 경험하도록 하는 것이 진정성 공유에 가장 좋다. 실제로 크지는 않지만 힙한 기업들은 이 같은 방식을 적극 도입하고 있다. 우리 회사는 '젖과 꿀이 흐르는 회사'라고 과대포장할수록 현실과의 격차 때문에 오히려 실망감이 커져 퇴사율이 높아질 우려가 있다.

가장 좋은 방법은 현실을 미리 경험하게 해주는 것이다. 감언이설로 사람을 끌어오면, 계속 유지하는 것도 힘들고, 현실과의 갭 때문에 퇴사할 확률은 더 높아질 수도 있다. 어른의 할 일은 각오를 단단히 다지게 하는 것이지, 사탕발림을 하는 것은 아니다.

일본의 생활용품회사 무인양품은 채용할 내정자가 정해지면 매장 아르바이트를 시킨다. 아르바이트를 하면서 실제 업무내용을 익히도록 하는 것이다. 뭐든지 소비자로서 대접받을 때와 생산자로서 일할 때는 같은 매장경험도 다르게 마련이다. 그 현실체험을 통해 자신이 이 일에 맞는지 안 맞는지 스스로 결정하도록 한다. 아까운 인재가 떠날 수도 있지만, 어차피 입사 후에 떠나는 것보다는 사전에 실제 합을 맞춰본 후 그만두는 게 피차 다행이라는 게 이 회사의 방침이다.

미국의 온라인 쇼핑몰 자포스 역시 마찬가지다. 채용이 확정된 직원들에게 4주간의 교육과 2주간의 고객응대를 경험하게 한다. 이를 통해 고객서비스가 곧 회사의 가치이며 존재의 이유임을 깨닫게 하는 것이다. 회사의 장기적인 비전과 가치를 이해하고 이에 공감하는 직원만이 자포스의 새 식구가 된다. 결국 진정성이 답이다. 실체를 그대로 알려주는 것이 밀레니얼 채용의 답이다.

당신 세대의 이야기는?

"낮말은 새가 듣고, 밤말은 쥐가 듣는다는데 우리 말은 누가 들어 주나요?" 베이비부머 세대, X세대, MZ세대를 인터뷰할때 공통적으로 나온 말이다. 어느 세대고 흔들리지 않은 적 없고, 젖지 않은 삶을 살아온 경우는 없었다. 각 세대는 공통적으로 자신들이 겪었던, 또는 겪고 있는 아픔을 구구절절하게 말했다. 각 세대를 인터뷰하며 센 세대, 낀 세대, 신세대, 즉 3세대의 '동상삼몽'을 들려주면 마치 비밀 코드를 풀어낸 것같이 신기한 표정을 지었다.

지금 이 책을 읽고 난 여러분도 그런 표정을 지을 것이라고 생각한다. 3세대가 직장에서 점심을 먹는 것에서부터 일하는 방법, 일에 부여하는 의미, 일하는 시공간의 변화에 이르기까지 각 세대의 경험과 생각을 살폈다. 다른 세대의 속마음을 들여다본 느낌이 들지 않았는가? 서로의 폐부를 읽어 내려간 기분은 어떤가?

"아, 저 사람도 알고 보면… 돌도끼 시대 원시인이 아니고 인간이었어."

"아, 저 친구도 알고 보니… AI가 아니고 사람이었어."

다른 세대에 연민이 느껴졌다면 일단 성공한 것이다. 선배세대는 평생 자소서 한 통 안 쓰고서 취직할 수 있었지만, 정년을 맞이할 즈음에 '내가 누구인지'를 고민하느라 밤잠을 못 이룬다. 일찍이 내 길은 어떻게 찾아야 하는지 '자소서'를 넘어 자소설을 매년 수십 통 작성해온 밀레니얼 세대는 그 반대다. 정말 내게 맞는 직장인지 고민하느라 한 직장에 진득하게 다니기 힘들다. 시대의 강점은 세대의 약점이 돼 언제든 성장통을 거치게 한다.

각 세대는 서로의 빛에는 주목하지만 그림자는 보지 않는다. "너희 세대가 뭐가 힘드냐? 우리 세대가 제일 힘들다."고 저마다 강변한다. 이래서는 세대 간 소통과 화합을 어떻게 이룰 수 있느냐고? 백약이 무효라고? 세대 전쟁론은 각 세대가 통과해온 삶과 자취를 이해하는 것부터 시작해야 한다. 당신의 세대는 어떤 사건을 경험했고 또 어떤 조건 아래에서 살아왔는가? 나는 당신 세대의 이야기를 듣고 싶다!

세대 이해는 시대 서사에 대한 이해에서부터 비롯된다. 이 책이 그 단초가 되었기를!

[저자소개]

김성회

CEO리더십연구소장, 국내 최고 리더십 스토리텔러

베이비부머 세대, X세대, MZ세대, 직장 내 3세대가 조화롭게 일하도록 이끄는 교두보 역할을 한다. 유수 기업의 리더들과 교류하고 일선 직원들을 밀착 인터뷰함으로써 세대 갈등이 일어나는 원인을 근본적으로 이해하고 해결책을 제시하기로는 국내에서 손꼽히는 권위자다.

대기업을 비롯해 공공기관, 대학교에서 조직관리, 리더십, 커뮤니케이션 강의를 진행할 때 15년째 1순위로 섭외되는 인기강사다. 또한 멀티캠퍼스의 삼성경제연구소 SERI CEO와 현대경제연구원, 휴넷 MBA, 중간관리자 대상 온라인교육 사이트 SERI PRO에서 강의하고 있다. 〈조선일보〉, 〈매일경제〉 등 다양한 매체에 리더십 칼럼을 기고하며, 방송에서 리더십 전문 패널리스트로 활약 중이다.

이 책은 조직 내 다양한 계층을 인터뷰하여 길어 올린 현장 사례에 경영학 이론을 접목했다. 세대 소통은 서로 살아온 배경을 이해하는 것에서부터 시작된다. 국내 최고의 리더십 코칭 전문가인 저자는 이 시대의 리더들이 소위 '요즘 애들'과 더불어 조화롭게 일할 수 있도록 각 세대의 깊은 속마음을 들여다본다. 숱한 조직을 겪으며 경험하고 연구한 것을 바탕으로 3세대가 전쟁을 마치고 평화로 향하도록 '비밀 코드'를 속 시원히 알려준다. 리더의 능력과 역량을 높이고 당장 현장에서 적용할 수 있는 기술을 전수하고 있다.

저자는 연세대학교에서 학사와 석사를, 서울과학종합대학원에서 리더십 전공으로 경영학 박사학위를 받았으며 현재 숙명여대경영대학원에서 초빙교수로 있다. 〈세계일보〉 CEO 인터뷰 전문기자, 강남구청 공보실장을 거쳐 세계경영연구원(IGM)에서 CEO과정 주임교수를 역임했다. 저서로 《성공하는 CEO의 습관》, 《용인술, 사람을 쓰는 법》, 《강한 리더》, 《리더의 언어병법》 등이 있다.

센 세대, 낀 세대, 신세대
3세대 전쟁과 평화

2020년 3월 4일 초판 1쇄 | 2023년 5월 10일 11쇄 발행

지은이 김성회
펴낸이 박시형, 최세현

책임편집 최세현, 김유경
마케팅 양근모, 권금숙, 양봉호, 이주형 **온라인홍보팀** 신하은, 현나래
디지털콘텐츠 김명래, 최은정, 김혜정 **해외기획** 우정민, 배혜림
경영지원 홍성택, 김현우, 강신우 **제작** 이진영
펴낸곳 (주)쌤앤파커스 **출판신고** 2006년 9월 25일 제406-2006-000210호
주소 서울시 마포구 월드컵북로 396 누리꿈스퀘어 비즈니스타워 18층
전화 02-6712-9800 **팩스** 02-6712-9810 **이메일** info@smpk.kr

ⓒ 김성회 (저작권자와 맺은 특약에 따라 검인을 생략합니다)
ISBN 979-11-6534-068-1 (03320)

쌤앤파커스(Sam&Parkers)는 독자 여러분의 책에 관한 아이디어와 원고 투고를 설레는 마음으로 기다리고 있습니다. 책으로 엮기를 원하는 아이디어가 있으신 분은 이메일 book@smpk.kr로 간단한 개요와 취지, 연락처 등을 보내주세요. 머뭇거리지 말고 문을 두드리세요. 길이 열립니다.